经济学家
都干了什么

一部西方
经济学简史

梁捷◎著

清华大学出版社
北京

图书在版编目 (CIP) 数据

经济学家都干了什么：一部西方经济学简史 / 梁捷著 . —北京：清华大学出版社，
2021.9

ISBN 978-7-302-59091-0

Ⅰ . ①经… Ⅱ . ①梁… Ⅲ . ①西方经济学－经济思想史 Ⅳ . ① F091.3

中国版本图书馆 CIP 数据核字 (2021) 第 181650 号

责任编辑： 顾 强
封面设计： 汉风唐韵
版式设计： 方加青
责任校对： 王荣静
责任印制： 宋 林

出版发行： 清华大学出版社
　　　　　网　　　址：http://www.tup.com.cn，http://www.wqbook.com
　　　　　地　　　址：北京清华大学学研大厦 A 座　　　　　邮　　　编：100084
　　　　　社 总 机：010-62770175　　　　　邮　　　购：010-62786544
　　　　　投稿与读者服务：010-62776969，c-service@tup.tsinghua.edu.cn
　　　　　质 量 反 馈：010-62772015，zhiliang@tup.tsinghua.edu.cn
印 装 者： 天津鑫丰华印务有限公司
经　　　销： 全国新华书店
开　　　本： 148mm×210mm　　　　　**印　　张：** 8.625　**字　　数：** 176 千字
版　　　次： 2021 年 10 月第 1 版　　　　　**印　　次：** 2021 年 10 月第 1 次印刷
定　　　价： 65.00 元

产品编号：086510-01

随着专业技术手段的使用，现代经济学成为一套普通人难以企及的知识系统。如同掉书袋并不总能换来普通人的敬仰和羡慕，现代经济学专业化导致的知识与社会的隔阂，更让经济学家处于一种尴尬的境地中。梁捷博士写作《经济学家都干了什么：一部西方经济学简史》，正是希望打破现代经济学与社会之间存在的这一层阻碍。

作为一门独立的学科，经济学的发展不过两三百年时间，成为显学更是只有一百多年。今天世界各地的高校中所教授的经济学已经同几百年前亚当·斯密等一批学者从事的经济学研究大为不同。或许普通人尚能阅读斯密、李嘉图等人的著作，但是数学、统计学及一系列计量方法的应用已经让大多数非专业读者对经济学论著望而生畏。此外，在普通人眼里，经济学带给社会的影响却并不尽如人意，特别是在 2008 年西方金融危机以后，由于未能对这场危机有所反应，现代西方经济学陷入信任困局中。非经济专业学者的指责、经济学家自我的反思都大大降低了经济学在普通读者心目中的地位。这使得经济学知识中的真知灼见、经济学的真实面貌被社会所忽视了。事实上，隐藏在现代经济学技术化的表达背后，是经济学家对于现实的热切，对于生活的憧憬，对于普通人的关怀。作为一个经济思想史研究者，梁捷博士试图向普通读者展现现代经济学的生动之处。

《经济学家都干了什么》已经是梁捷博士继《西方经济思想通识》《梁捷西方经济思想史讲稿》之后的第三本经济思想史著作。前两本著作分别是梁捷博士面向经济类专业学生和非经济类专业学生写作的西方经济思想史著作，而《经济学家都干了什么》则面向更为广泛的普通读者。这本书在内容上也更多地以现代西方经济学为内容，特别是有大量的篇幅聚焦在"二战"以后的经济学家。在经济思想史研究方法上，梁捷博士一贯注重经济学家所处的历史、经济学家的生活际遇，试图在历史与生活两重外在维度揭示经济学家对理论的洞见。这种方法不仅可以为经济思想史研究带来重要的启示，同时也是极具趣味的。比如经济学专业的学生已经对均衡这一思维方式非常熟悉，但是他们不会知道，瓦尔拉斯在提出"一般均衡"这一思想时，却长期不被当时占据主导地位的英国经济学界重视；比如科斯对"交易费用"的发现，其意义实际上等同于爱因斯坦脑海中那辆以光速行进的火车。在《经济学家都干了什么》一书中，梁捷想竭尽全力展示的是经济思想史研究的各种乐趣：思维的乐趣、生活的情趣，以及经济学家面对各种困难所表现出的坚韧。

尽管梁捷博士试图生动地告诉读者经济学家做的那些事儿，但事实上，作为一位经济思想史研究者，梁捷的工作并不轻松。经济思想史研究是经济学研究中的一项苦差。除了需要像其他经济学专业的研究者一样，掌握基本的经济学研究方法和熟悉经济学的基本理论，经济思想史研究者还必须能发现经济学理论之间，以及经济学理论与其他学科理论之间的关系。这就要求经济思想史研究者不仅具有基本的经济学思维能力，还要不时跳出经济学的学科范围，从其他学科，比如哲学、政治学、伦理学、史学、宗教学等方面回眺经济学领域，从更广阔的领域鉴别经济理论创新的意义。所幸，梁捷博士知识的渊博使他能展现他的研究才华，从容完成本书的写作。

最后，希望读者能通过梁捷博士的这本著作，发现经济学的奥妙，加深理解复杂多变的社会现象，并从阅读本书中找到乐趣。

钟祥财，上海社会科学院经济研究所教授
2021 年 8 月

导言

　　这些年来，我一直尝试着从各个不同角度、面向不同人群讲述经济学。面对的对象，既有中学生、大学生、研究生，也有公司白领、投资者、企业家，其中不乏对经济学一无所知甚至怀抱敌意的文艺青年。有人跟我说，一看到"经济学"三个字就不想往下看了，这三个字似乎与罪恶没有什么两样。我知道，这并不全是他们的责任，而是专业经济学家长期缺位的后果。正是由于大众对于经济学普遍存在误解，所以我开始写作这本书。

　　经济学说到底还是一门比较新的学科。从亚当·斯密1776年出版《国富论》开始算，至今尚不足250年。相比之下，数学、物理学都有两三千年的历史了。文学，更是从有人类文明的时候，就已经开始了。而且在这两百余年里，我们生活的世界在方方面面都发生了巨大的变化，科学技术不断进步，经济学本身也发生了巨大的变化，并且这种变化仍然在进行之中。

　　当前的主流经济学借鉴吸收了大量最新发展起来的技术，比如高速计算机的模拟计算、各种来源的大数据、更精准的计量模型、数字化的历史档案、异想天开的田野实验，还有心理学、政治学、法学的最新发展等，可以说是日新月异。所有的学者都必须不断学习才能赶上这些潮流。

我学习经济学已经很多年了，目前还在不断学习。但也只有年纪大了以后，才对学术和思想的变化有了一点体会。我刚进大学时学到的很多经济学知识，今天看起来似乎已经完全过时、完全无用了。而今天很多经济学家正在做的工作，又是二十年前的经济学家想都不敢想的事。人必须不断学习，同时又必须继承之前学者留下的丰厚遗产。所以，我想把我这些年里学习经济学的一些心路历程，通过这本书跟大家慢慢分享。

我经常回想，我进入大学以后，学到的经济学第一课是什么，是什么促使我开始学习经济学。记得当时就有老师跟我们说，你们刚开始接触经济学，就应该好好读读亚当·斯密的《国富论》，也应该读读凯恩斯的《通论》，站得高，看得远，直接吸收大师的思想，为以后学习经济学打好基础。

当时我就去图书馆找来了《国富论》和《通论》，商务印书馆的经典版本。但是打开读了一阵，觉得一头雾水，不知所云。这些经典著作到底在讲什么呢？苦恼之下，我只能泡在图书馆里，尝试寻找一些能够帮我解读这些经典著作的书。很偶然地，我摸到一本海尔布鲁纳所著的《几位著名经济思想家的生平、时代和思想》。这本书的书名毫不起眼，却仿佛帮我打开一扇门。

这本书生动介绍了斯密、李嘉图、熊彼特等七八位经济学家的生平和思想，深入浅出，活灵活现。读了这本书之后，我大致了解这些学者的思想脉络，再读他们的原著，感觉容易很多。后来才知道，海尔布鲁纳这本书原名《世俗哲学家》或《世俗哲人》，正是西方很多大学最出名的经济思想史教科书。

这次学习体验给我一个启示：学习经济学不妨从一个个具体的经济学家个例入手，而不一定非要从系统性的理论入手。没有哪个人天生就是经济学家，必然通过自己的探索和外部的引导，才能一步步走上经济学研究的道路。他们在学习和研究过程中，必然也充满困惑和反思，他们最终的研究著作中却不一定把这些内心挣扎的东西反映出来。所以知晓这些经济学家的个人经历，看似没有直接学习理论，走了一段弯路，实际却可能是捷径，可以预先排练和适应学习经济学可能遭遇的挫折。

从此以后，我就对这些经济学家的个人生平经历产生了兴趣。从学科角度看，这门学问可以归入经济思想史的研究范畴。研究经济思想史，就是与一个个经济学家对话，了解他们的生平，也能更深入地了解经济学发展的来龙去脉。

在这个过程中，你会发现经济学家的背景、经历、个性等都存在巨大的差异，思考问题的角度也大有不同。有些学者的经历与研究之间的关系是非常清楚的，比如凯恩斯多年为英国财政部工作，非常了解实际宏观经济遭遇的问题，与其他剑桥大学书斋学者所思考的完全不同。但另一些学者的思想就没有那么清晰，比如卢卡斯是一个非常技术化的学者，他把宏观经济学带入一个全新的阶段。但是卢卡斯本人最初却是学历史的，对于长期经济发展问题有着很深的关怀。这种关怀只有将他的大量论文、著作拼在一起，才能隐约看出一些线索。

此外，有些学者是高度理论化的，比如博弈论创始人纳什，某种意义上也可以被视作一名数学家，一直在思考最基本的博弈问题。而另一些学者极为重视实践，比如发展经济学家赫希曼，他走遍世界，试图发展出一种符合各国经验、可用于指导实践的发展经济学。这两类学者的轨迹没有交叉点，但都在不同维度上加深了我们对于经济学的理解。

基于这些考虑，我将在本书中尝试着介绍和分析 29 位经济学家的生平和思想。人物的出场排序，大致按照历史时间顺序安排，因为经济学的发展也是顺着这样的脉络绵延而下的。但是也并不绝对。有些学者早慧，年纪轻轻就已经写出了影响后世的代表作。而另一些学者大器晚成，直到晚年才完成了不起的著作。所以我们也不必完全拘泥于每个人的生卒年月，而是应该把他们置于经济学发展的洪流之中，确定各自所处的位置。

本书写作以马克思作为开端，以贝克尔作为结尾。这并不意味着马克思之前或者贝克尔之后就再无经济学了，而是包含了笔者的一些在学术研究中逐渐树立起来的个人认识。

一般的经济思想史著作都会从亚当·斯密开始，将《国富论》作为经济学的开端。但是这种论点在近几十年里不断地受到挑战。第一，斯密的《国富论》确实重要，但是它也并非从天而降，而是可以在英国重商主义和法国重农主义的大量著作中找到源头脉络。讨论斯密，必然还要继续上溯；第二，斯密所处的时代，宗教氛围虽然已经逐步褪去，但是仍然保留许多"遗迹"，在《国富论》中亦有不少体现。而这些宗教氛围到了 19 世纪就完全消除了。今天在讨论经济学的时候，我们无意再将宗教问题纳入其中，而在探讨《国富论》时，这却是一个无法绕开的问题；第三，斯密所处时代尚未显现所谓的"工业革命"，经济运作模式与今天存在较大差异。在今天这个后工业时代，去设想前工业时代的经济思想，是比较困难的。

有鉴于此，我在本书中将越过斯密，直接从 19 世纪中期开始讨论。这个时间点，对于大众的阅读和思考，恐怕比亚当·斯密来得重要。而且它对于经济学本身的范式确立也具有异乎寻常的意义。19 世纪中期，工业革命的效果已经初步呈现，铁路、轮船、大型工厂都已出现，工业化的奇迹让人目眩神迷。1851 年，英国伦敦召开了第一届世界博览会。博览会上展出了大量工业化产品，尤其是用玻璃和钢铁搭建的"水晶宫"，完全突破了人们对于建筑的认识。每天都有上万人排队参观世博会，英国的经济繁荣达到了顶峰。

与此同时，工业化所导致的各种社会问题也开始不断暴露。现代化的工厂招募了大量农民和闲散人员，出现了"工人"这样一个全新的群体。工人的劳作方式与农民的劳作方式截然不同，必须协同合作，集体劳动，遵循严格的管理模式。在这个过程中，工人自然也失去了大量的自由。此外，工人还存在失业问题。如果企业经营不善，工人就可能会被解雇，暂时失去收入来源。所以，随着工业化的进程，大量社会问题相继涌现，有关这些社会问题的思想也成为经济学的重要组成部分。

到了 19 世纪中期，重要的经济学家可分为两派。一派是英国古典政治经济学的继承人，以密尔为代表。古典政治经济学从斯密到李嘉图，传递到密尔的时候，已经高度成熟和完善了。古典政治经济学当然也包含了一些难题，比如关于价值的难题，是不可能在古典政治经济学内部加以解决的。但密尔已经尽最大努力对相关问题进行解释，为古典政治经济学打上许多"补丁"，使它适用于现实问题分析。

另一派则是反思、反对古典政治经济学的学者，或者说非主流学者。既然非主流，也就谈不上什么代表性学者了。而其中对后世影响最大的当数李斯特和马克思。

马克思是一位无法被归类的学者，对后来的政治、经济、社会各个方面都有深远影响，也已经有太多关于马克思的介绍和研究。古典政治经济学是马克思的三个主要思想来源之一，也是马克思思想的重要组成部分。但是在中国，因为学科分工，后来关于马克思经济学的研究变成一门独立学科，与西方经济学变成两股平行的思想，甚少交流互动，非常可惜。

本书试图重新把马克思置于宏观的经济思想背景之下，从马克思与密尔的分道扬镳开始探讨经济思想的变迁。这个分岔点，不仅对于这两位经济学家很重要，对于后来的经济学发展也很关键。这两派学者的思想都是从斯密和李嘉图传递而来，关心的社会分配问题也很相似，但是在价值理论上采取了不同立场。

本书从马克思写起，而没有选择更常见的亚当·斯密。因为笔者认为，学习经济学真正应该留意的是经济思想的分歧和转折之处，这是不同思想相互激荡碰撞的关节点。初学者从这些关节入手，可以迅速理解不同学者的思想进路和价值判断，从而对于这门学问有一个总体把握。至于经济思想的源头，应该继续上溯至斯密还是更早的重商主义，那可能并不是非常重要的问题。本书试图向读者揭示，过去的经济学大师都是如何思考的。读完这本书之后，读者自然会选择性地迈出自己的脚步。

学术发展的过程本身是极有意思的。在马克思和密尔之后，接下来在经济学界发生了所谓的边际革命，一举刷新了经济学的面貌。可是这一场边际革命的几位主角，既没有延续密尔的路线，也没有采用马克思的路线，而是另辟蹊径，从外部寻找思想资源，重构理论，再返身继续探讨古典政治经济学的命题，终于把古典政治经济学革新成为新古典政治经济学。

当然这个过程也并非一帆风顺，也有几代学者朝着不同方向进行探索，相互之间也存在不小的分歧。而在这过程中，现实社会则以更快的速度发展和变化，分配不公现象进一步加剧，各国之间的政治、经济矛盾也不断加剧，最终演变成为 20 世纪上半叶的两场世界大战。

在经济学内部，剑桥大学的马歇尔脱颖而出，逐渐成为学界公认的泰斗，他所发展的新古典经济学也成为经济学最主要的研究范式，一统江湖。这种研究范式一直延续下来，直到今天。当下的经济学研究，虽然在很多细节上大有创新，但总体的框架仍未突破当时马歇尔制定的图景。

马歇尔所倡导的这套研究方法，理论堪称完备，在学界没有碰到对手，但在现实中，尤其是在两次世界大战之间的美国大萧条期间，遭遇了现实的挑战。1929 年，美国陷入了严重的经济萧条，并且这场危机很快超越国界，传播到了全世界。

依据马歇尔的新古典理论,这场危机应当过不了多久就会自然恢复。可是几年过去,危机仍然严重,一眼望不到头。

就是在这样的背景下,凯恩斯横空出世。凯恩斯出身剑桥,是马歇尔的门生弟子,新古典经济学的嫡传。凯恩斯在年轻的时候,也一直致力于新古典经济学的研究。但是他也长期为英国财政部工作,了解经济学理论与具体现实经济之间的差异。他意识到现有的新古典经济学理论无法对经济萧条作出有效的解释之后,非常大胆地另辟蹊径,另外折腾出一套直指现实的经济理论,后人将其称为宏观经济学,而把之前马歇尔的理论称为微观经济学。

至此,推动现代经济学成型的最重要的一批经济学家都已经陆续登场,所以本书的上篇就写到这里,从马克思开始,到凯恩斯为止。马克思去世那一年,正是凯恩斯出生的那一年。所以前后也不过两三代人的时间,经济学本身却发生了天翻地覆的变化。各个人朝着不同的方向进行探索,最终汇总到马歇尔这里,再经过凯恩斯一变,形成了现代经济学的面貌。通过本书的上篇对各个经济学家的描述,希望能为读者勾勒出一幅现代经济学形成过程的图景。在本书的开篇,经济学的图景还有很多模糊不清的地方,经济学家还面对很多难以处理的棘手问题。而到了上篇的终点,到了凯恩斯那里,现代经济学图景终于完全展露了出来。

很多传统的经济思想研究著作就终止于凯恩斯那里。但是在我看来,如果只读到凯恩斯,那就太可惜了。经济学发展到凯恩斯那里,整体面貌确实已经显露,但是如何将其用于经济分析，并且用于解释我们当下关心的各类问题，其实还有很长的路要走。经济学在凯恩斯之后，开始飞速地发展。

从马克思到凯恩斯，我们所谈论的绝大多数学者并非职业经济学家。比如密尔主要为东印度公司工作，而马克思更是一辈子没怎么从事全职工作，只是偶尔为报纸写专栏谋生。这些现象并不奇怪。经济学并不像数学、哲学、伦理学等一样具有上千年的历史，甚至经济学这个名称，也是杰文斯在19世纪70年代才明确下来的。而经济学作为一个正式的学科，在大学里被认真对待和讲授，与马歇尔在剑桥的努力密不可分。即便是凯恩斯，最初在剑桥学习的专业也是数学，而非经济学。这种现象到了本书的下篇，终于出现了逆转。本书下篇都是职业经济学家的故事，探讨经济学如何被职业经济学家接过来，从凯恩斯发展到今天。

本书下篇从熊彼特开始。熊彼特与凯恩斯是同代人，两人在同一年出生，熊彼特多活了几年。凯恩斯是个开创者，开辟了宏观经济学这个领域。而熊彼特却是一个同等伟大的综合者，将之前不同流派的经济学融为一体。而且熊彼特还是一个经济思想研究者，对经济学本身发展给出了清晰的方向。所以作者希望读者能从熊彼特开始，再一次全面审视经济学，从传统意义上的经济学转向现代经济学。

熊彼特的弟子萨缪尔森贡献了一本极为经典的教科书——《经济学》。这本书的第一版在1948年出版，到萨缪尔森2009年去世之前，更新了十九版，影响了数以百万计的学习经济学的学生。萨缪尔森第一次把经济学划分为微观经济学与宏观经济学两大门类，微观经济学以马歇尔的理论为框架，宏观经济学以凯恩斯的理论为框架。这两套框架存在差异，同时也有高度的联系。萨缪尔森一直倡导寻求宏观经济学的微观基础，将这两套经济学综合为一整套逻辑一致、概念自洽的系统。

在萨缪尔森之后，无数学者都在延续这项工作，直至今天。学者间对此还存在着一些争论，有些学者认为，经济学已经实现了综合微观经济学与宏观经济学的工作；而另一些学者则拒绝承认这一点。但是这两派学者的差异并不是很大，至少两者所使用的分析工具是高度相似的，只是在一些关键性假设以及政策建议上，还存在分歧而已。在大多数经济学家看来，这都只是一些无伤大雅、可以被解决的小分歧而已。

与此同时，经济学的重心终于从欧洲转向美国。经济学的研究环境，也日益收缩到大学的经济系之内。经济学的主要成果，也不再是厚厚的专著，而主要是发表在专业学报之上的精练的论文。经济学的研究中，出现越来越多的数学工具。这表示经济学研究越来越严密，不再使用那些模棱两可的文字。但另一方面，这也意味着经济学研究越来越专业，树立了门槛，那些没有经受过专业训练的人士，很难了解经济学的最新进展。经济学终于从一门大众关心的学问，变成了一门象牙塔里的学问。

很多经济学者都在不断做着充满技术含量的专业修补工作，夯实新古典经济学的基础。阿罗就是其中很典型的一位。他在 20 世纪 50 年代初所面临的经济学场景，与我们今天所见的经济学已经几无二致，只是还有一两朵乌云笼罩在头顶。其中最关键的一个问题，就是一般均衡理论的数学证明。一般均衡理论是 19 世纪后期法国经济学家瓦尔拉所提出的，他认为在整体经济框架下，存在着一套价格系统，能够使无论消费者还是生产者，所有在经济理性指导下行动的经济主体都处于均衡状态，此时，每个市场都达到出清的均衡状态，整个经济处于一般均衡的稳定状态。瓦尔拉深刻地意识到这种思想对于经济分析的意义，并且描述了它所引致的一系列结论。只是限于数学工具的发展，瓦尔拉没有办法在数学上对这种理论加以严格证明。瓦尔拉以及后来所有的经济学家，都认为这种理论必定是正确的。到了阿罗的时代，最新的不动点理论刚刚被发明出来，阿罗就敏锐地意识到它的意义，用它在数学上严格证明了一般均衡理论。经济学的基石就此奠定。从此以后，经济学家再也不用担心新古典经济学的大厦有崩塌的危险。后来宏观经济学的新发展也全都建立在这种一般均衡理论之上。新古典经济学这套范式，从逻辑角度、数学角度看，变得越来越严密，几乎无懈可击。这套理论不太可能从内部被推翻，而后来的经济学家所要做的工作，就是思考如何用它来解释外部世界，与现实分析相契合。当理论与现实之间存在比较明显差异的时候，就有必要发展出一些新理论，有效地将这些鸿沟填平。

当然新理论可能有不同的形式。它可能是抽象的数学形式，从而为经济学提供形式上的分析工具。纳什做的就是这样的工作。他在普林斯顿大学研究最根本的策略选择问题，然后提出了后来被称为"纳什均衡"的概念，并且衍生出博弈论这个震动整个社会科学界的新兴分析工具。纳什当时并不知道自己所做的数学研究会对经济学有影响，而且是巨大的影响。博弈论被非常完美地容纳在了新古典经济学的框架之内。今天，几乎每个经济学家都习惯使用博弈论工具来分析经济学问题，这是我们与马歇尔、凯恩斯等前辈学者最显著的差异。

也有一些学者并不主张从数学工具入手，而是直面现实，从现实经验中提炼理论，芝加哥大学的科斯是其中的典型代表。科斯不像萨缪尔森那样飞速地写作，也并没有创造理论填补新古典经济学理论空白点的抱负，他只是想通过观察现实世界，提出真正具有解释作用的概念和分析角度。他的耐心取得了巨大的回报，尤其是他在 1960 年一篇文章中提出的被后人称为"科斯定理"的观点，直接推动了好几个重要的研究方向。

在令人眼花缭乱的现代经济学发展的谱系中，本书把终点落在了贝克尔这里。贝克尔是芝加哥学派的集大成者，也是新古典经济学的集大成者。他的兴趣极为广泛，尝试着把经济学的研究范围拓展到各个领域，家庭问题、歧视、犯罪、时间分配等，任何生活中的问题，经济学都能对此提供自己的意见。而贝克尔所使用的工具又高度同质，也就是标准的新古典经济学的理性选择模型。贝克尔强行推广新古典经济学的适用范围，内容上包容一切，形式上丝毫不让，这种姿态让他获得了"经济学帝国主义"的称号。通过贝克尔的工作，经济学的地位逐渐达到顶峰，被称为"社会科学的皇冠"。

但是"经济学帝国主义"过度扩张，很多隐患其实也已经包含其中了。

本书下篇的讨论就到此为止，从时间点来看，大约停留在20世纪90年代。下篇从熊彼特开始，到贝克尔结束，这段岁月也是经济学迅速发展、取得辉煌成绩的时代，经济学由粗转精，由思考社会基本问题的哲学玄思转变为指导日常生活的数学模型，变化不可谓不大。对于初学者而言，也只有了解这一阶段经济学变化的内在逻辑，才能理解当前经济学模型与之前马克思、凯恩斯等深邃思考之间的内在联系。

而本书写到贝克尔为止，并不意味着经济学从此停滞不前，再没有值得深入探讨的学者。正好相反，最近二十年里，经济学又一次发生巨大变化，精彩程度并不亚于本书下篇所涵盖的时期。

之前提到，经济学帝国主义在20世纪90年代拓展到极致，经济理论也处于最为丰盛的阶段，让人有目不暇接之感。笔者正是在这个时期开始经济学的学习。我初学经济学时的困惑就是，经济学帝国主义过于强势，遭到很多其他学科学者的批评，新古典经济学的理性选择理论是否足够可靠，能否经得起众多其他学科的围攻？同时，经济学理论已经过于繁荣，目所能及的范围内，需要填补空白的理论都已经被当时的大师名家所完成。后来的学者如要继续工作，似乎只能做一些前辈学者来不及完成的拾遗补阙工作。如此一来，经济学未来发展的前景就极为有限了。

而且我读到经济学方法论大师马克·布劳格的名作《经济

学方法论》。布劳格的书写于 20 世纪 90 年代，亦是写到贝克尔为止，布劳格也对经济学的发展前景表示忧虑。贝克尔的工作已经将经济学方法推广到极致，而且受到了反弹。贝克尔这些理论，从逻辑上看，自然无懈可击，毕竟已经经过好几代经济学者的精心锤炼。但是这些理论能否经得起现实的检验，颇令人担心。当时各个门类的数据都很匮乏，实证检验极为困难，故而大家只能求助于贝克尔这套理论模型。而只要研究条件、研究环境发生变化，经济学的面貌也会随之发生变化。

正如布劳格所预期的那样，经济学的整体面貌在最近二十年内发生了翻天覆地的变化。计算机从超大型设备转变成我们每个人桌上的笔记本，各行各业的数据大爆炸，大到宏观经济统计，小到每日 PM2.5 浓度，全都成为人人可以获得的数据。并且用计算机处理数以万计的数据，更是在刹那间就能完成。这种研究工具的变化，使得经济学的研究方法也出现了巨大的变化。

这二十年里，经济学的研究热点从模型分析转向实证检验。经济学家不断开发新的模型，寻找新的数据，运用各种奇思妙想来构建实证模型框架，用它们来检验过去几年甚至几十年的经典理论。很多经典理论经历了实证检验，变得更为稳固可靠，人们对它们的实际作用方式也有了更深入的理解。而另一些理论与实证结果不符，于是也给了后来学者修正理论、补充理论的无尽动力。

随着研究工具的发展，也有一些全新的经济学理论被构建。例如，行为经济学的发展就对经典博弈论模型作出了重要的补充。这在缺乏实证研究工具的年代，是完全不可想象的。

但是最近二十年的经济学发展，是否已经颠覆了传统的新古典经济学，甚至提出了全新的理论框架呢？我的看法是否定的。新古典经济学理论在贝克尔的时代就已经臻于完善，基本不可能撼动。实证研究对于过去经济学理论的挑战，主要目的是修补，而不是颠覆。事实上，绝大多数新兴的实证研究都有助于完善传统理论，使其与现实更为接近。实证研究方法填平了理论与现实之间的鸿沟，将两者联系在了一起，而新古典经济学理论由此更为强大，不可动摇。

所以，要理解当下很多经济学家的工作，也有必要了解经济学最近二十年的重要进展。但是这项任务已经超出本书的边界。笔者认为，最近二十年的时间还是太短，很多新兴的实证研究结论尚未经历时间考验，还不是那么可靠，不足以达到盖棺定论的程度。此外，新兴实证研究的主要理论对象，仍脱不出数十年前那些经典理论的窠臼。此外，新兴实证研究的主题过于零散，也还没有集中到某几个点上。

如果说之前的经济学研究处于"英雄时代"的话，当下的经济学研究则处于"混战"状态。我们固然能找到很多大量发表论文的学术"明星"，但是他们最终能否成为与马克思、马歇尔、凯恩斯、熊彼特等巨星相提并论的大师，仍然需要更多的时间来证明。

所以，本书的探讨从马克思开始，到贝克尔为止。本书所涉及的这二十多位经济学家，都是当之无愧的经济学英雄。他们每个人都提出了重要的经济学思想，构建了重要的经济学理论，不仅影响了后来者，也推动了整个经济学科的发展。

如果你想探究经济学的思考方式、经济学家看待世界的独特视角，那么不妨从这些经济学英雄入手。他们每个人都富有个性，热爱学术，积极地投身其中。我们今天所理解的经济学，正是所有这些英雄用自己的经历和思想共同谱成的史诗。也希望你能在阅读本书的过程中，分享他们的智慧，感受使用经济学来认识世界的快乐。

梁捷

2021 年 5 月

下篇　经济学的发展与演变

上篇

新古典经济学
的诞生

1

马克思：
劳动价值理论

卡尔·马克思（1818—1883），犹太裔德国哲学家、经济学家、社会学家、政治学家、革命理论家和社会主义者。马克思一生出版过大量的理论著作，其中最著名的是1848年出版的《共产党宣言》和1867年至1894年出版的《资本论》。他关于社会、经济与政治的理论被统称为马克思主义。

马克思在《资本论》中继承了斯密、李嘉图等英国古典经济学家的思想，创造性地构建出劳动价值理论和剩余价值理论，有力地阐述了资本主义经济运作的内在逻辑，把经济学研究引入一个全新的时代。马克思生前只出版了《资本论》第一卷，好友恩格斯在马克思去世后整理出版了《资本论》第二、三卷。

现代经济学以亚当·斯密1776年出版《国富论》作为发端，经历了李嘉图、马尔萨斯等人的拓展丰富，到了19世纪中叶，走到了一个重要的分岔点。

　　1818 年，马克思出生于今天德国小城特里尔的一个富裕的犹太家庭。但是他的父亲受到启蒙思想的影响，带领全家改信基督新教。马克思的家庭仍然保留了很多犹太人的习惯，所以马克思是在新旧文化交融的环境下成长的。马克思的父亲是一个富有声望的律师，在马克思还小的时候就喜欢用伏尔泰、洛克和狄德罗的作品来教育马克思。马克思父子间的关系一直温情而亲密，马克思的父亲在马克思二十岁的时候去世，但他对马克思的思想道路产生了十分深刻的影响。

　　按照父亲的建议，马克思一开始进入波恩大学就读法律专业。进入波恩大学的马克思和当时普通德国大学生一样过着充实而散漫的生活，他安排自己去听各类课程的讲座，这些讲座的内容包括但不限于古希腊的荷马史诗、拉丁诗歌以及现代艺术等。同时，马克思还积极参加各种社会活动，写拜伦风格的诗歌，身负债务，却雄心勃勃。

　　1836 年夏季学期末，他离开波恩大学，去了当时更为现代的、处于社会和经济革命浪潮前端的柏林，并于当年秋季，转入柏林大学学习法律和政治经济学。当时欧洲所有大学里都没有经济学这个专业，马克思读的是法律。当时的学习氛围很自由，没有太多的现代学科分工。马克思很快就被哲学和历史所吸引，尤其被黑格尔与费尔巴哈所吸引。黑格尔哲学是当时德国最有影响的思想，对当时所有德国知识分子都产生了深远的影响。

　　黑格尔将上帝视为理性的最高和最后表现形式，在纯粹理性领域终结了理性对于信仰的批判。黑格尔的学生、青年黑格尔派的代表人物大卫·施特劳斯于1835年出版了《耶稣传》，将黑格尔的理性原则应用到对现实宗教的批判上，他认为福音书不应作为历史材料解读，而应当以彻底理性主义的方式，将耶稣生平与神迹置于历史批判和神话视角之中，"检查耶稣神迹的历史真实性，破除宗教背后的迷信，从而实现抽象的理性批判原则与现实基督教之间、基督教的教条批判及教义批判与基督教的哲学批判之间、抽象的人与现实的人之间的衔接和过渡"。大卫·施特劳斯的工作构成了马克思早期宗教批判的理论起点。

马克思深受这股思潮的影响。他后来回顾说，"《耶稣传》打破了黑格尔哲学体系的第一个缺口"。柏林大学是黑格尔主义的主场，马克思最敬重的老师布鲁诺·鲍威尔就是青年黑格尔派的重要成员，所以他也很自然地加入了这个知识分子团体。青年黑格尔派热衷于用黑格尔辩证法来讨论无神论、共产主义等问题，又激进地反对宪法和宗教，很快引起普鲁士当局的重视，遭到打压。

当时普鲁士官方打压黑格尔左派，并开除了布鲁诺·鲍威尔的职务，马克思受到了鲍威尔事件的连累。马克思拟定的博士论文题目是《德谟克利特和伊壁鸠鲁的自然哲学之间的差别》。这个题目具有明显的青年黑格尔派的特征，这就使得马克思无法在柏林大学获得博士学位。他利用德国教育体制的漏洞，转投耶拿大学，最终在耶拿大学获得了博士学位。尽管如此，马克思还是无法在当时德国大学体制内找到工作，于是转向了新闻媒体业，去担任《莱茵报》的编辑。

马克思担任《莱茵报》编辑时，经常批评时政。1843年，马克思发表了一篇批评俄国沙皇的文章，引起沙皇的不满。普鲁士当局在收到沙皇抗议后，下令查封《莱茵报》，马克思就此失业。同时，马克思不顾女方家里多数人的反对，与同乡的燕妮结婚，然后前往巴黎，开始漫长的流亡生涯。

在巴黎期间，马克思开展了大量学术研究。其中最重要的工作成果是《1844 年经济学哲学手稿》。马克思此时已经对政治经济学产生浓厚的兴趣，他深入研读了萨伊的《政治经济学概论》和斯密的《国富论》等著作，在"异化劳动"方面已经形成初步的想法。这份德文手稿当时并没有出版，直到 20 世纪 30 年代才在欧洲出版，引起学者们的重视。这份手稿是马克思早期经济思想的代表，标志着马克思转向政治经济学研究，对于今天的马克思研究有着重要意义。

马克思在巴黎期间的另一件重要事情，就是同恩格斯结下了一生的友谊。恩格斯出生于普鲁士贵族家庭，父亲是一位棉花生产商，在英国等地都有巨大的产业。他的父亲坚持要恩格斯从商，但他却对哲学产生浓厚的兴趣，加入了青年黑格尔派。马克思与恩格斯的第一次会面并没有出现老友重逢、一见如故的场面，恩格斯在致梅林的信中回忆道，两人第一次见面是 1842 年 11 月在科隆，并且那次会见"场面十分冷淡"。直至 1844 年，恩格斯的《政治经济学批判大纲》发表于马克思的刊物上之后，两人在巴黎再次会面。在巴黎会面时，两人对于彼此在一些根本性问题上的契合都已了然于胸，并且恩格斯此前对于英国工人阶级生存状况的社会调查为马克思提供了其长期以来一直寻找的关键材料，两人一拍即合，从此开始了一生的合作。此次会面标志着马克思与恩格斯后半生的友谊与合作生涯的开端。①

1845年，马克思又被政府逐出巴黎，迁往比利时的布鲁塞尔。此时，他与恩格斯开始撰写《德意志意识形态》一书，并在布鲁塞尔创立了共产主义通讯委员会。后来，两人又一同加入了共产主义者同盟，马克思还当选为支部主席和区部委员会委员。马克思和恩格斯参加在伦敦举行的共产主义者同盟第二次代表大会。大会委托他们起草同盟纲领，这就是后来的《共产党宣言》。

1848年2月，《共产党宣言》出版，法国也开始爆发革命，并且革命热潮很快席卷欧洲。马克思与恩格斯在欧洲各地奔走，积极支持1848年革命，马克思还筹措资金创办了《新莱茵报》。1848年革命主要指向欧洲各国的专制制度和君主独裁，对各国的保守势力造成很大打击，同时也引来强力镇压。马克思先后被普鲁士和法国驱逐出境，《新莱茵报》也不得不在1849年停刊。马克思在1849年8月来到英国伦敦，此后马克思就主要生活在伦敦。

马克思的经济思想与他的历史唯物主义思考有着直接联系。《共产党宣言》一开头就这样说："一个幽灵，共产主义的幽灵，在欧洲大陆徘徊。为了对这个幽灵进行神圣的围剿，旧欧洲的一切势力，教皇和沙皇、梅特涅和基佐、法国的激进

---

① 在以赛亚·伯林所著的《马克思传》中，引用了恩格斯写给一位马克思第一位传记记者弗兰兹·梅林的一封信，信中恩格斯回忆道，两人第一次见面是1842年11月在科隆，并且那次会见"场面十分冷淡"。

派和德国的警察，都联合起来了。"

所以马克思直接宣称，共产党人不屑隐瞒自己的观点和意图。他们公开宣布，他们的目的只有用暴力推翻全部现存的社会制度才能达到。让统治阶级在共产主义革命面前发抖吧。无产者在这个革命中失去的只有锁链。他们获得的将是整个世界。

按照马克思的历史唯物主义观点看来，这种共产主义革命不仅是值得期待的，而且是不可避免的。共产主义者与那些想把社会改造成符合其愿望的空想社会主义者完全不同。他们没有乞求于人们的同情心，也没有建构主义的妄想。他们并不把希望寄托于偶然，而是对历史发展规律进行了冷静分析，得出共产主义革命必然胜利的结果，这种结果是不可避免的。

历史唯物主义是一种极端冷静的分析框架。在历史唯物主义看来，物质生活的生产方式制约着整个社会生活、政治生活和精神生活的过程。不是人们的意识决定人们的存在，相反，是人们的社会存在决定人们的意识。社会的物质生产力发展到一定阶段，便同它们一直在其中活动的现存生产关系或财产关系发生矛盾。于是这些关系便由生产力的发展形式变成生产力的桎梏。那时社会革命的时代就到来了。随着经济基础的变更，全部庞大的上层建筑也或快或慢地发生变革。

马克思大胆宣称："无论哪一个社会形态，在它们所能容纳的全部生产力发挥出来以前，是决不会灭亡的。而新的更高的生产关系，在它存在的物质条件在旧社会的胎胞里成熟以前，是决不会出现的……资产阶级的生产关系是社会生产过程的最后一个对抗形式。这里所说的对抗，不是指个人的对抗，而是指从个人的社会生活条件中生长出来的对抗。但是，在资产阶级社会的胎胞里发展的生产力，同时又创造着解决这种对抗的物质条件。"

恩格斯对于马克思的历史唯物主义曾经做出非常精辟的概括。他说："生产以及随生产而来的产品的交换是一切社会制度的基础，唯物史观就是从这一原则开始的；在历史上出现的每个社会中，产品的分配以及随之而来的社会阶级和阶层的划分是由生产什么、如何生产以及产品如何交换决定的。根据这个想法，一切社会变动和政治革命的最终目的，不应该在人们的意识中，或是在人们对永存的真理和公道的日益加深的洞察力中去探求，而是应该在生产方式和交换方式的变动中去探求；不应该在哲学思想中去探求，应该在经济境况中去探求。"

所以马克思真正关心的不是生产力，而是生产关系。对于资本主义必然的失败命运，马克思从这样两个方面加以论证。

第一，资本主义迟早会毁灭自己。生产的无计划性必然导致经济活动经常处于紊乱状态，危机、衰退和萧条不断发生。经济体系过于复杂，所以它经常不协调，或者对某一商品生产过多，或者对另一些商品生产不足。

第二，资本主义总是在无意中，不知不觉地培养自己的颠覆者。资本主义的大工厂不仅为社会主义创造了技术基础，还创造了一个有纪律的阶级,它最终会成为社会主义的中坚力量。由此，资本主义自己创造了自己的颠覆者。这就是《共产党宣言》里所预示的，随着近代工业的发展，资产阶级赖以生产和占有产品的基础本身，也就从它的脚下被挖掉了。它首先产生的是它自身的掘墓人。资产阶级的灭亡和无产阶级的胜利，是同样不可避免的。

在伦敦期间，马克思彻底改变了自己的工作方式和研究方向，把主要精力都用于研究政治经济学。他几乎每天都去大英博物馆阅读。今天流传下来的诸多马克思的轶事，都与他在大英博物馆的这段阅读写作经历有关。马克思一坐就是一整天，较少与人交往。他的住处其实距离当时杰出的知识分子、研究古典政治经济学的学者密尔的住处并不远，但是他从来没有想过去拜会或者结识密尔。他并没有把自己归入政治经济学研究者的行列。

马克思读了大量的材料，可他对于写作有非常高、近乎偏执的要求，所以进度很慢。1859 年，他在恩格斯的催促下出版了《政治经济学批判》，作为《资本论》的预热。此后，他又迟迟不愿意出版正在写作的《资本论》。也是在恩格斯的反复催促下，1867 年，马克思终于出版《资本论》第一卷，距离他酝酿这本书，已经过去了近二十年。

在这段时间里，值得一提的是 1863 年波兰起义以及第一国际的诞生。波兰在 18 世纪陆续被欧洲列强瓜分。在拿破仑战争之后，《维也纳和约》进一步明确了瓜分波兰的格局，俄国沙皇兼任波兰国王。此后，波兰人民不断发起各种起义，愈演愈烈，在 19 世纪 60 年代达到顶峰。1863 年，波兰全境都爆发起义，俄军严厉镇压，终于平息了起义。1864 年，俄国沙皇宣布在波兰解放农奴。

马克思从一开始就很关注波兰起义，也写了支援波兰起义的呼吁书。1864年，在波兰起义的鼓励下，国际工人协会在伦敦成立，马克思当选为协会临时委员会委员。马克思也为国际工人协会起草了成立宣言和临时章程。这个协会，在日后又被称为第一国际。马克思是第一国际的核心人物之一，委员会发表的大多数文件都出自马克思之手。

国际工人协会试图组织全世界的工人阶级，推翻资本主义，建立工人阶级政权。第一国际宣布工人运动的基本原则是，工人阶级的解放应该由工人阶级自己去争取。1871年，第一国际的法国支部参加并领导了巴黎公社运动。但是随着巴黎公社运动失败，这个组织日趋衰弱。马克思曾经想努力改变第一国际的方向，但并未成功。1876年，第一国际正式宣布解散。

而马克思也在巴黎公社失败后转向理论著述，把主要精力用于修订和发展《资本论》。1875年，马克思完成了《哥达纲领批判》，总结了他的经济分配理论。1883年，马克思在伦敦去世，葬于海格特公墓。马克思直到去世，也没有完成《资本论》第二、三卷的修订。恩格斯义不容辞地承担起这个重任。1885年，恩格斯修订出版了《资本论》第二卷，1894年出版了《资本论》第三卷。恩格斯于1895年去世。

马克思的一生都不是学院里的学者，他对于学院体系也毫无兴趣，从不结交纯粹学院派的学者。虽然他花费很多时间研究从斯密到密尔的经济学，但并不想进一步拓展古典经济学的体系，他对经济学理论本身没多大兴趣。他在研究经济学的过程中，发现了社会变革的根本动力，这才是他花费力气写作《资本论》的最主要原因。

1849 年，马克思到达伦敦的时候，正是历史上伦敦最繁华的时期。1851 年，第一届世界博览会在伦敦召开。博览会上展示了上万件商品。几周的时间里，总共有超过六百万观众前来参观。在海德公园内，一座大量使用钢铁和玻璃的展厅让观众震惊，后来被命名为水晶宫。如此大体量的钢铁和玻璃共同构成这个奇观，钢铁与玻璃都是现代工业的辉煌成果，此前从未有过这种形式。所以每天都有大量的人来海德公园参观水晶宫，每个人都兴致勃勃。住在伦敦的马克思对世博会并无兴趣，他完全沉浸在 1848 年革命失败的阴影中。他希望找到革命的动力，可是广大英国人民却都还在为资本主义的奇迹而欢呼。

马克思对现实颇为失望，所以逐渐转向理论研究。他心目中评价最高的经济学家是重农主义者斯密及李嘉图，这些人都是劳动价值论者，劳动价值论也逐渐成为马克思经济思想中最核心的部分。对马克思的批判和思考，必须围绕劳动价值论展开。

首先，马克思把所有的经济价值都归结为劳动。他确实承认劳动力与更多数量的资本相结合，最终的产出会增加。但是马克思拒绝承认资本是生产性的。马克思把一切非劳动收入都归入剥削或者剥削的衍生品。但如此一来，当马克思要讨论价值转型时，不可避免地会遭遇一系列问题。

"价值转型"的问题，也就是生产价格与价值总额之间转换关系的问题。斯密、李嘉图都认为，随着时间变化，某个产业的利润率最终将会下降，这一点也被大量观察所证实。马克思也同样承认这一点。为了保持理论的一致性，他必须将利润率下降的原因归结于劳动在资本中所占比例即资本有机构成的变动。在《资本论》第一卷中，马克思认为劳动力是剩余价值和利润率的唯一源泉，所以只有假设资本有机构成在整个经济中都相同，最终才能得到与劳动价值相一致的价格。但是在《资本论》第三卷中，马克思要处理价值转型问题时，遭遇到困难。最终，马克思放弃假定所有产业拥有相同资本有机构成的假定，而是假定所有产业都有统一的利润率。此时，单个产业的价格就有可能偏离价值。但是将社会经济视作一个整体，那么价格总额最终等于价值总额。

在"价值转型"问题上，马克思最终给出的解释并不是特别令人满意。《资本论》第一卷由马克思亲自审定，而第三卷却是在马克思死后才得以出版。两者之间的分歧，也成为后来马克思主义经济学者争论的热点。

此外，马克思对分工的批评也很耐人寻味，是马克思主义经济学的另一个热点。斯密在《国富论》的一开始就强调了劳动分工对于经济产出的重大意义。但是马克思却认为，劳动分工也有负面意义，那就是人的异化。因为通过机器进行的资本的自行增值，同生存条件被机器破坏的工人人数成正比。资本主义生产的整个体系都建立在工人把自己的劳动力当作商品出卖的基础上。分工使这种劳动力片面化，使它只具有操纵局部工具的特定技能。一旦工具由机器来操纵，劳动力的交换价值就随同它的使用价值一起消失。工人就像停止流通的纸币一样卖不出去，工人阶级的一部分就这样被机器变成了过剩人口。这些人口一部分在与机器的斗争中被淘汰，另一部分则涌向所有比较容易进去的工业部门，充斥劳动市场，从而使劳动力的价格降低到它的价值以下。

分工不仅使人异化，还会导致失业，失业工人构成了"产业后备军"。市场上总是存在超额的劳动供给，使得工人的工资不得不被压低，剩余价值和利润都为正。当然这个后备军的规模以及利润都随着经济周期性变化而变化。在经济活动扩张时期，工资提高，后备军的规模减少。但随着资本家对此做出反应，用机器取代劳动，后备军数量又会恢复。

这就是马克思独有的对于失业的解释，与新古典经济学的失业理论不一致。新古典失业理论认为劳动力的供需单纯由市场决定，但现实证明绝非如此简单。后来在经济萧条时期，马克思的失业理论确实赢得了一批拥护者。但是凯恩斯也提出一套失业解释理论，而且在实践中经受住考验，逐渐为人们所接受。马克思的失业理论现在已较少被经济学家所讨论。

同时，马克思对于失业的解释也直接与他对经济周期的看法相关。在《资本论》里，马克思多处提到，由于消费不足和生产过度，由于无计划生产、利润变动以及重置资本都有周期性特点，资本主义必然陷入周期性的危机之中。这种周期性危机无法可解，似乎只有彻底打破资本主义，改变生产方式，才有可能解脱。

总体来看，马克思的剩余价值理论、失业理论、经济周期理论都相互联系，环环相扣，构成一个非常宏大的体系。这也正是马克思主义吸引人的地方。但在后来的新古典经济学家看来，马克思经济学所讨论的对象缺乏准确的实证测量手段，因而很难在现实经济中用于指导经济政策。

马克思的思想既有"破"的一面，也有"立"的一面。他认为，工人必须生产大于他自己生存所必需的价值，否则资本主义不可能存在。如果维持工人一天的生活需要一天的劳动，资本就不能存在，因为一天的劳动将交换自己的产品，资本将不能作为资本起作用，结果资本将不能存在。但是如果仅仅半天的劳动便足够维持工人一整天劳动的生存，那么就会自动产生剩余价值，这就是资本主义的起源。

同时，马克思对于自己期待的未来社会组织形式充满信心，"共产主义是社会发展的更高形式。共产主义是人向自身、向社会的人的复归，这种复归是完全的、自觉的而且保存了以往发展的全部财富。共产主义作为完成了的自然主义，等于人道主义。而作为完成了的人道主义，等于自然主义，它是人和自然界之间、人和人之间的矛盾的真正解决，是存在和本质、对象化和自我确证、自由和必然、个体和类之间的斗争的真正解决。它是历史之谜的解答，而且知道自己就是这种解答"。

甚至，马克思还在早期著作中设想过共产主义社会中人们的日常生活形态："在共产主义社会里，任何人都没有特殊的活动范围，而是可以在任何部门内发展，社会调节着整个生产，因而使我们可以随着自己的兴趣今天干这事、明天干那事，上午打猎，下午捕鱼，傍晚从事畜牧，晚饭后从事批判，但并不因此就使自己成为一个猎人、渔夫、牧人或批判者。"

2

密尔：
工资决定理论

密尔小传

约翰·斯图亚特·密尔（1806—1873），英国著名经济学家，长期为东印度公司工作，晚年曾任下议院议员。密尔的研究范围十分广阔，包括政治经济学、政治哲学、伦理学、逻辑学等，其著作《论自由》是古典自由主义集大成之作。此外，密尔还是当时最有影响的功利主义以及女权主义的思想家。

密尔的经济学研究继承了斯密、李嘉图的古典经济学传统，糅合了各派的主要观点，融会贯通，自成一体。他在1848年出版的《政治经济学原理》是19世纪中后期最有影响的古典经济学著作，影响力一直延续到边际革命之后。

密尔是古典政治经济学最为正统的传人。他的父亲老密尔，是与马尔萨斯、李嘉图齐名的经济学家，也是亚当·斯密思想的忠实继承者。老密尔最著名的工作是写过一部《英属印度史》，这也是英国最早的印度史，虽然存在不少错误，但在历史上仍拥有极高地位。依靠这部《印度史》，老密尔得以在东印度公司工作，后来他的几个儿子，包括小密尔，也都在东印度公司工作。

密尔是一个天才儿童，他的父亲老密尔也是个重要的学者，老密尔从小就对他展开了惊人的精英教育。密尔后来写了一部《自传》回顾他的成长危机，这是非常值得一读的书，在文化史、教育史上都非常出名，市面上也有好几种中译本。在《自传》里，密尔回顾了他小时候所接受的教育。他从 3 岁起开始学习希腊文，在 7 岁时就已读了大部分的柏拉图，还有希罗多德、色诺芬等。7 岁开始继续学拉丁文，他又读了维吉尔、李维、奥维德等。同时，他还读几何、代数、罗马史、世界史等。他说："我从来没有用希腊文写过诗，也很少用拉丁文写诗。这并不是由于我父亲不重视从事这种锻炼的价值，而实在是由于没有时间。"

密尔在 12 岁时开始研究逻辑学和霍布斯，在 13 岁时，研究古典政治经济学，并且已经非常熟悉李嘉图与马尔萨斯的工作。密尔几乎每隔一年就学会一种外语，在 13 岁左右，他已经积累了极为惊人的知识。密尔年纪轻轻就博览群书，知识渊博，但父亲对他的教育和严格监督是有代价的。"我几乎没有任何玩具"，小密尔也没有任何的朋友，他被隔离于同龄的孩子之外，也不怎么知道自己的教育经历与别人有多大差异，他的成长自认为是"在缺少爱和在恐惧中"长大。

老密尔坚信，小密尔将会成为功利主义大师边沁最重要的接班人。他教授小密尔一切知识，但不允许他接触宗教、形而上学与诗歌。音乐是唯一允许他自由沉溺于其中的艺术，因为相较于前者所充斥的人类愚昧与错误，音乐不太容易包含那些错误表现真实世界的内容。在这种教育体系中，密尔非常欠缺对于情志、心智、感受作用的认知，所以逐渐陷入抑郁状态。密尔在 20 岁的时候，经历了一场精神危机，或者说神经衰弱。他无法继续思考和工作：

"我处于神经麻木状态，有如人人偶尔会碰到的那种情况，对娱乐和快乐的刺激不感兴趣：我的内心觉得，往日快乐的事情现在变为枯燥乏味或与我漠不相关；我想到，只有改信卫理公会的人被第一次'深信有罪'所折磨时，才会产生和我现在一般的心境。

"在此种心情下我不禁自问，假如生活中的所有目标完全实现，假如你所向往的全部制度和思想的改变就在这个时候完全实现，你会觉得非常快乐和幸福吗？一种不可遏制的自我意识明确地回答说，不！"

当时他正在帮助边沁编辑出版《司法证明原理》，但他自我思考："如果你建议的关于社会改革等一切都实现了，你将感到某种幸福吗？"他的回答是否定的。由此他陷入一种可怕的境地，再也无法正常工作。这时候，正是他父亲所反对的浪漫主义诗歌如华兹华斯和柯勒律治等拯救了密尔，让密尔体会到很多自身欠缺的经验和情感，密尔的历史与人的命运观发生了深彻的改变。

在密尔 25 岁时，他遇到了一个 23 岁的名叫哈丽雅特·泰勒的姑娘。她是一个拥护激进政治的一神论者，但已经嫁给了比她年长不少的泰勒先生。从那时开始，密尔就和泰勒夫人建立了一种柏拉图式的关系，这种关系持续了二十年之久。直到泰勒先生去世，密尔才与泰勒夫人结婚。

在这段时间里，密尔一直与泰勒夫人一道工作，与她讨论文章。泰勒夫人占了密尔生活中很大的部分，受到泰勒夫人的鼓舞，密尔也在这个过程中逐渐恢复精神上的健康。密尔在30岁左右逐渐恢复健康，并进入东印度公司工作，业余写作，终其一生他都没有进入大学，始终是个业余作者。1843年，密尔出版了《逻辑学体系》，这是一本逻辑学史上的巨著。该书也被严复与《国富论》《天演论》等七部当时重要的西学著作一同翻译，也就是后来对中国近代思想影响深远的"严译八种"，该书被译为《穆勒名学》。密尔在1848年出版《政治经济学原理》，这是承前启后的经济学巨著。而密尔到了晚年，声誉更为出众，他写了3本小册子，分别是《论自由》（1859）、《代议制政府》（1861）和《妇女的屈从地位》（1869）。

密尔的成名作是《论自由》，里面已经涉及女性权利问题。密尔觉得意犹未尽，之后又写了《妇女的屈从地位》。密尔认为，集体会压抑人类精神、阻挠卓越个体发展，其中最明显的例子就是女性在政治、精神、道德、性等各个方面都不得不屈从，受到贬低和压抑。密尔是这样认为的：

"男人并不只是需要女人顺从，他们还需要她们的感情……他们因此采用一切办法奴役其头脑……妇女的主人需要不止是简单的顺从，他们动用了教育的全部力量以达到他们的目的。

"所有妇女从最年轻的岁月起就被灌输一种信念，她们最理想的性格就是与男人截然相反：没有自己的意志，不是靠自我克制来约束，只有屈服和顺从于旁人的控制。一切道德都告诉她们，女人的责任以及公认的多愁善感的天性都是为旁人活着，要完全地克己，除了同她们喜爱的人之外，没有其他生活。所谓她们喜爱的人是指准许她们拥有的人——她们与之结合的男人，或是构成她们同一个男人之间另一个不可消除之纽带的孩子。"

密尔相信，思想解放才能为人类带来进步。而只有当妇女积极活跃在政治和思想领域时，人类才智的充沛源泉才能打开。密尔那个时代的其他顶级思想家，包括大名鼎鼎的托克维尔，都没有人敢这样想。很多时候，大家都把这本书与被视作是女权主义鼻祖之一的玛丽·沃斯通克拉夫特（即戈德温的妻子）的《为女权辩护》并列，视作 18—19 世纪最重要的两本女权主义著作。

下面再来讨论密尔本人的经济思想特征。过去一般把密尔的思想特征概括为"调和"或"折中"，即他总是在两种或多种相互冲突的理论中折中，从不简单偏向任何一方，而是利用自己渊博的知识试图构建出一种可以同时容纳对立观点的理论。但我更喜欢用"审慎"（deliberative）这个词来概括密尔的思想，这是贯穿密尔所有著作的一个共同的特性。

密尔认为，经济学家应该是一门科学的研究者，而不是一门艺术的实践者，因为经济学是实证的真理的汇集，而不是规范性原则的集合体。所以密尔尽管认同经济学是抽象科学，但并不完全像李嘉图那样追求纯粹的演绎方法。密尔认为，经济学的命题是假设性的，因此一定有前提条件，这些命题只有在那些没有考虑到的因素不发生作用的条件下才是正确的。而密尔认为，对这些因素的探究正是解释和预测真实世界现象的不可或缺的前提。但同时，经济学不应只使用归纳法，还应该使用演绎法，演绎法的作用是完成对那些借助猜测假定发展起来的一般命题的证明。密尔关于政治经济学方法论的讨论，指向了经济学理论抽象与更加复杂的人类社会活动相结合的问题。密尔如是说："纯粹的政治经济学家不研究科学而只研究政治经济学，如果他试图把他的科学用于实践，注定会失败。"密尔又说："事实上，政治经济学从未自称只凭它本身理论而不依靠其他的帮助就能给人类以指导。虽然那些只懂政治经济学而不懂别的东西的人承担了指导人们的责任，他们也只能提供有限的见解。"这两段话值得我们回味。

密尔的《原理》分为"生产、分配、交换、动态学和政府的影响"五个部分。他所针对的是当时主流学者西尼尔的看法，西尼尔认为经济学是处理"财富的性质、生产以及分配的科学"。西尼尔甚至在李嘉图和马尔萨斯的基础上提出经济学的四条基本原理。第一，理性原理，即人们是理性的和精于计算的，并且希望以最小牺牲获得财富；第二，马尔萨斯人口学说；第三，农业的收益递减原理；第四，历史上的产业收益递增原则。密尔不能接受西尼尔比李嘉图更彻底的演绎方法。

所以密尔没有重点讨论价值理论，他甚至认为这并不是需要讨论的重点。而在他之前的李嘉图，在他之后的马克思和杰文斯，都把主要精力投入到价值理论上，无人敢忽视价值理论。这也是后人在很长一段时间都低估密尔、认为他没有认清楚时代重要问题的原因。事实上，密尔没有像杰文斯那样支持效用价值论、反对劳动价值论，最主要的原因在于，他与杰文斯对功利主义基础认识不同。

密尔并不认为消费需要单独提出讨论，那只是功利主义的一种简单应用而已，而且功利主义中还应该加入很多非直接效用的部分。这种功利主义的立场，使得密尔的价值思想最终表现为对李嘉图劳动价值论的一种补充修饰，而不是更进一步。同时，密尔主张把生产和分配截然地区分开来，前者是适用于每个社会的自然增长，产出的增长取决于资本积累、劳动分工、生产性支出与非生产性支出的比率以及马尔萨斯人口论等因素。而后者是人类制度的一部分。这里暗含着他的社会主义倾向："如果生产受到文明进步这一大的影响，它就不会不是人类制度的一部分，与分配完全一样"。所以，密尔对生产与社会之间关系的看法，恰与马克思相反。他认为随着文明进步，生产会嵌入社会，而马克思却认为，生产过程中不可调和的矛盾最终会导致社会革命。

关于密尔有创造性的地方，不妨举两个例子。第一个是他对静态学、动态学的区分，这种区分可能来自于法国学者孔德。密尔说的静态、动态，与我们今天宏观经济学中仍在使用的静态、动态完全一致。他在《逻辑学体系》中表示，"有必要把社会现象的静态观点与动态观点结合起来，不仅考虑不同因素不断进行的变化，而且考虑每一因素的同时代的环境；并因此在经验统计上获得相应的法则，不仅是那些因素同时的不同状态之间的对应，而且也有那些因素的同时的变化之间的对应"。

静态与动态这两种对立的分析方法，至今仍有很多不可调和的结论。密尔理想地认为，人口有可能缓慢增长，从而逐渐涌现出一种不完全推崇物质的文化。收入重新分配，价值重新定位，"没有一个人贫穷，没有一个人希望更加富有，同时也没有任何理由担心，其他人向前的努力会把自己向后推"，这种静态社会也会是一个美好社会。显然，这其中包含了大量社会主义的因素。

密尔的另一个重要贡献，是工资基金理论。这也是密尔为了坚持生产与分配之间存在断裂这一观点，为了解释工资而发展出来的理论。工资基金理论是指，工资率等于工资基金除以劳动力规模。工资基金取决于资本积累。工人的工资受到人口规律支配，工资高低完全取决于工人的人口数量，工人的工资总和不可能超过工资基金的数量。只有在资本增加或者就业人口减少的条件下，工人的一般工资水平才有可能上升。所以，工资不是由生产资料决定的，而是由资本决定。密尔认为，对商品的需求并非对劳动力的需求。工资基金的规模就是积累资本中支付给劳动的部分，它使得劳动需求固定。密尔后来逐渐意识到工资基金内在的困难，它很难解释长期工资的变化，同时这一理论也忽略了很多可能影响资本、影响利润率、储蓄率的因素，但它的浓缩和归纳仍然具有很强的洞察力。

总体来说，密尔是古典政治经济学的集大成者。

3

李斯特：
后发国家的发展理论

李斯特小传

　　弗里德里希·李斯特（1789—1846），德国经济学家，德国历史学派的思想先驱。李斯特一生颠沛流离，辗转欧美各国，曾从事过多种类型的工作。早年，李斯特被图宾根大学聘请为教授。1820年又当选为符腾堡的国会议员。李斯特不断提出激进的民主改革主张，被判处监禁，不得不四处流亡。1825年，李斯特流亡到美国，开始经营农场，还担任过报社编辑。1832年，李斯特回到欧洲，致力于推动德国经济的统一。李斯特常年郁郁不得志，经济困顿，疾病缠身，1846年自杀身亡。

　　李斯特的代表作是1841年出版的《政治经济学的国民体系》。李斯特在此书中系统阐释了国家干预和贸易保护的思想，后来也成为历史学派的主要观点。

　　虽然古典经济学在英国一枝独秀，影响巨大。但即使在欧洲，也不是所有人都服膺这套理论。李斯特是德国历史学派的先驱，也是英国新古典经济学最重要的批评者。李斯特出身于一个制革工匠的家庭，1806 年通过自学参加文官考试，进入符腾堡公国的政府机构担任书记员，后来又去图宾根担任会计检察官等职务。工作之余，他在图宾根大学系统地学习了法学和经济学。1817 年，李斯特被聘为图宾根大学财政学教授，1820 年又当选为符腾堡议会的议员。

1819 年，充满活力的李斯特组织了全德工商联盟，目标是统一德国的经济活动。他亲自领导这个协会的工作，主张废除国内的各级关卡，统一内部的关税，在德国国内实现贸易自由。李斯特对这套举措充满了信心。但是这些主张直接触及很多人的利益，因此李斯特遭受迫害，处处碰壁。不久以后，李斯特就被迫辞去图宾根大学教授职务，很快又被解除其他政府公职。

李斯特不顾压力，仍然想做出一番事业。1820 年，李斯特在担任市议员期间，又一次提出了激进的民主改革主张。这一次，他受到更为严厉的打压，被以"煽动闹事，阴谋颠覆国家政权"的罪名判处 10 个月监禁。为了逃避惩罚，李斯特不得不潜逃到法国和瑞士，东躲西藏了两年。两年后，李斯特悄悄回国，随即被发现并关押。为了彻底摆脱这个危险分子，政府同意他移居美国。

1825 年李斯特一家来到了美国。他开始经营农场，还担任过报社编辑，并开办了一个规模很大的煤矿。但是李斯特仍然心系德国。1832 年，李斯特终于以美国驻莱比锡大使的身份回到了欧洲。一回到欧洲，他就积极参与莱比锡—德累斯顿铁路建设工程，他希望通过建立全国铁路系统推动德国经济的统一。

1834 年，德国关税同盟建立。但李斯特的主张继续受到抵制，连带他的全国铁路系统计划也受到抵制，最终宣告失败。1837 年，李斯特在美国的矿山在美国银行危机中破产了，李斯特陷入生活困境中。其间，李斯特一直受到政府的监视，并受到再次被监禁的威胁。尽管他不断努力，仍然不能在他的祖国找到一份固定职业。

李斯特被迫流亡法国。法国梯也尔政府曾邀请他担任铁路建设和贸易政策方面的要职，但由于法国对德国的侵略性态度，李斯特拒绝了，主要靠给报社撰稿牟取微薄的收入。俄国财政部长曾经聘请他在政府中担任要职，以推行他的"国民体系"，但李斯特因为俄国实行专制的沙皇制度而拒绝了。

1841 年，李斯特曾经被委任为《莱茵报》主编，由于健康原因未能成行。后来，正是马克思担任了这一职务，并写作了一系列尖锐的评论文章。1846 年，英国废除"谷物法"，这对力主贸易保护主义的李斯特是一个打击。随后，李斯特提出建立英德联盟的计划没有被理睬，而他参与德国关税同盟工作的愿望也一直得不到实现。此时，李斯特陷入深深的失望中。"他对德国实现他为之奋斗的民族资产阶级——资本主义的进步感到无望。一直身体健壮的李斯特此时明显衰老了，他已经无法忍受肉体和精神上的挫折。李斯特看不到个人和国家的前途，加上疾病缠身和生活困顿，他陷入了绝望。在给朋友的信中，李斯特说："我如果没有写作所得的收入，就只能靠妻子的财产糊口度日，我是什么也没有。可是这些收入和财产也不足以维系妻子和孩子们的生活，我几乎陷入了绝境。"

1846 年 11 月 30 日，李斯特在一个小镇开枪自杀，结束了 57 岁的生命。

李斯特在美国期间就已经写作完成了《美国政治经济学大纲》。回到德国以后，他又陆续写作了《政治经济学的自然体系》和《政治经济学的国民体系》。尤其是 1841 年出版的《政治经济学的国民体系》，堪称李斯特一生经济思想的总结。李斯特在这本书中，非常激烈地反对英国古典政治经济学的有效性，尤其是反对自由贸易。他断言，经济在某些发展阶段一定需要保护性关税。根据历史规律，一个国家的经济发展可以分为五个阶段，依次是原始畜牧—农业—制造业和农业—制造业—商业阶段。一个国家只有发展到最高阶段即商业阶段，才能施行自由贸易政策，而在之前的各个阶段，一个国家都应该使用高额关税来保护自己的幼稚民族工业。李斯特批评传统的政治经济学忽视了这些经济发展的历史阶段，从而不能用于指导经济尚不发达的德国经济。

李斯特自信地表示，任何一个在农业上、文化上已经有所发展的国家，其幼稚的工业如果能加以适当的保护，不论开始时怎样缺点累累，成本高昂，通过实践以及国内竞争，其产品一定能够在任何方面与国外竞争者的老牌产品相媲美而毫无愧色；任何某一种工业的成功总不是孤立的，总是与许多别的工业的成就相辅相依；任何一个国家，对于工业工作如果能代代相传，历久不懈，把前一代留下的工作由后一代紧接着继续下去，这个国家的生产力就必然会发展。李斯特说："如果还有人不相信这些，或者对于这些情况完全无知，那么在他大胆建立自己的理论体系以前，或者在他向操着国家祸福之权的执政诸公献策以前，我们敢请他先读一读英国工业发展的历史。"所以，李斯特所信奉的不是英国的经济学理论，而是英国经济发展的历史实践。

李斯特虽然生前一直命运坎坷，但他的理论在死后很快传播开来，尤其受到发展中国家的大力欢迎。李斯特的思想在19世纪的美国一直占据主导地位，在明治维新时期就已传入日本，在19世纪末和亚当·斯密思想一同传入中国，而且影响力不亚于斯密。历史主义方法论与其背后的历史哲学有着密切联系，所以它符合发展中国家知识分子的心理，具有很强的煽动力。虽然它的整体框架非常可疑，但在很多具体问题上，具有很强的说服力。密尔在一封写给朋友的信中说，他现在愿意承认，保护幼稚产业的论点是正确的。但幼稚产业应该受到国家补贴的支持，而不是受到保护性关税的支持。

李斯特敏锐地认识到，"亚当·斯密的世界主义理论"即自由主义学说最符合领先国的需要，却有害于落后国。因此他的学说在诸多方面都跟占据主流的斯密学派大唱反调。最突出的是，李斯特拒斥斯密学派的大同式世界观，强调现实世界由不同国家组成，彼此间利益相异，甚至不乏"醉心于征服并奴役其他国家的势力"，故而民族主义才是现实的出发点。

在李斯特的体系内，影响工业化的不单有经济因素，更有政治、法制、社会、文化、精神等众多非经济因素，它们都是"生产力增长的丰富源泉"。其中，"国家力量的干预"最为关键。只有国家力量的干预，才可促使落后国在工业、海运业、国外贸易等方面获得真正的发展。

同时，李斯特对古典政治经济学所倡导的自由贸易持保留态度。他断言，自由贸易论是服务强者的一套学说，趋于产生扶强抑弱的后果，会令低端产业方蒙受损失。他也不肯接受李嘉图的比较优势理论，认为比较优势越来越人为大于天成，经常是谁抢得先机谁就占据优势，目前的强国都有过借助保护政策人为培植产业的历史。

在英国政治经济学快速进步时期，德国的李斯特却提出了不合时宜的尖锐批评。很快，德国的其他学者如罗雪尔、克尼斯等也都提出了与李斯特类似的主张，后人把这个时期出现的德国经济学思潮称为德国历史学派。到了 19 世纪后半叶，历史学派已经成为德国经济学界的主流思想，直到他们又遭遇到新兴的奥地利学派的挑战为止。

4

杰文斯：

边际效用理论

杰文斯小传

　　威廉姆·斯坦利·杰文斯（1835—1882），英国著名经济学家。杰文斯出生于英国，求学于伦敦大学学院，1854年由于经济原因远赴澳洲悉尼工作，并且开始政治经济学研究。1859年，杰文斯重返英国，回到伦敦大学学院继续学业。杰文斯毕业后执教于曼彻斯特的欧文学院，发表了一系列重要的研究成果。1876年，杰文斯重回伦敦大学任教。1882年，杰文斯在海滨游泳时不幸溺水身亡。

　　杰文斯在1871年出版的《政治经济学理论》中，全面更新了古典经济学的研究方法。尤其是他创造性地提出了"边际分析"思想，从而掀起了经济学中的"边际革命"。

　　杰文斯在英国学术界出现，正是英国政治经济学陷入低谷的时候。所以杰文斯标志着政治经济学的转折。后人把杰文斯、门格尔、瓦尔拉等人的研究方式转变称为边际革命，而杰文斯无疑是其中最重要的领军人物。

在杰文斯之前，欧洲经济研究公认的领袖是密尔。密尔很早就被公推为斯密之后政治经济学的集大成者，他的《政治经济学原理》在这个领域统治了数十年，无人不知，无人不读。但是密尔不是一个革命者，他在一些令人困惑的问题上难以取得突破，却又不敢大胆突破，另创一套。

密尔引以为豪的理论贡献之一是工资基金理论。所谓工资基金理论是指，工人的工资受到人口规律支配，工资高低完全取决于工人的人口数量，工人的工资总和不可能超过工资基金的数量。只有在资本增加或者就业人口减少的条件下，工人的一般工资水平才有可能上升。所以，工资不是由生产资料决定的，而是由资本决定。

密尔认为，对商品的需求并非对劳动力的需求。工资基金的规模就是积累资本中支付给劳动的部分，它使得劳动需求固定。但是工资基金理论提出后，很多人提出了质疑，尤其是如何使用该理论来解释长期工资变化。密尔在为自己辩护的过程中，逐渐意识到这种理论内在的困境。它是一种归纳性的洞见，但确实忽略了很多可能影响资本，影响利润率、储蓄率的因素。

1869 年，密尔在《双周评论》上表示，自己已经放弃工资基金学说。密尔的后退使得大众失望。公众对于劳动问题、社会改良问题甚至达尔文进化论思想日益感兴趣，而政治经济学的传统范式似乎难以为这些问题提供系统性分析框架。大众都在期待一些全新的经济学分析框架。杰文斯就在这个背景下，出现在大家的眼前。

1835 年，杰文斯出生于英国利物浦。他的父亲是个商人。

杰文斯从小就特别迷恋自然科学，进了伦敦大学学院学习化学和植物学。但是 1847 年的时候，杰文斯父亲的工厂倒闭，家境每况愈下。1854 年，还没有读完大学的杰文斯听到一个消息，在遥远的南半球，澳大利亚发现了大量金矿，准备铸币，铸币厂需要聘用专业人才。杰文斯为了赚钱，毅然地离开了伦敦，去悉尼当了一名分析员。

在澳大利亚，杰文斯开始关心政治经济学，阅读了大量相关著作。当时，按照亚当·斯密的传统，政治经济学还只是伦理学下属的一个门类。澳洲是片神奇的土地，地广人稀，生活安逸。杰文斯在那里完全沉浸在对于经济学的新奇思考中，他日后的成就，几乎都在澳洲期间就形成了思想雏形。

杰文斯在悉尼待了五年，1859 年回到了英格兰。回来之后，杰文斯马上回到伦敦大学学院继续他农学和文学的学习，但是他的主要精力已经转向了政治经济学。杰文斯勤奋地写出一系列重要著作。1862 年，杰文斯出版了《政治经济学数学理论通论》，提出了价值的边际效用理论。他又运用这种理论写出了《关于周期性商业波动的研究》。杰文斯认为，消费者从最后一单位产品得到的效用或者价值与他所拥有的产品数量有关，这个数量会有一个临界值。

这两项工作代表了杰文斯最关心的两个问题：效用理论和经济周期理论。前者正是他政治经济学的整个基础，后人所谓的边际革命也正是由此而来。而后者是杰文斯所关心的应用问题。杰文斯研究了包括黄金市场在内的一系列市场，后来还写过"太阳周期和谷物价格"。杰文斯英年早逝，没有机会进一步研究经济周期。但这个问题后来始终被经济学家关注，到了20世纪更是成为经济学研究的核心问题。

杰文斯非常明确地挑战了李嘉图的劳动价值论。"反复思考与探究，使我产生了这样一个有点新奇的观点，即价值完全取决于效用。流行的观点认为，劳动而不是效用是价值的起源。更有甚者明确断言，劳动就是价值的起因。相反，我认为我们必须仔细地去寻求效用变化的自然规律，即效用的变化取决于我们所拥有的数量，以实现一个令人满意的交换理论。而通常的供给与需求规则是交换理论的一个必然的结果。这个理论是与事实相一致的；并且当存在劳动是价值起因的任何明显的理由时，我们可以提供一个对这种理由的解释。劳动经常被认为决定价值，但仅仅是以一个非直接的方式，通过供给的增加或限制来影响商品的效用程度。"

不妨以珍贵的珠宝为例。一颗美丽的钻石，在市场上可以卖到很高的价格。李嘉图认为，它之所以昂贵，是因为开采钻石的人必须花费大量时间精力才能采到。而杰文斯认为，钻石之所以昂贵，是因为人们喜欢它。而且真正喜欢它的人，愿意付出非常高的价格，比其他商品高得多。如果哪天人们的审美发生变化，不再喜欢钻石了，那么它就没什么价值了。

如此一来，杰文斯完美地解决了"水和钻石悖论"。钻石没有用，但是价格很昂贵。而水是维持生命的必需品，但只要不是在沙漠里，水几乎总是免费的。李嘉图一直为这个问题所困扰。而杰文斯的效用理论却可以轻易解决这个问题。一个正走在河边的人，与一个正走在沙漠中的人，对于水的价值判断截然不同。归根到底，是因为水对于他们的效用完全不同。钻石本身没有用，但是它能使人快乐，这就是它的价值所在。

杰文斯还非常有预见性地讨论了经济周期问题。在当时，这与政治经济学并没有必然相联。从斯密到密尔，以前的政治经济学家都没有做过什么今天称之为实证研究的工作，自然更不知道经济周期。而到了杰文斯时代，统计数据逐渐变得丰富易得。杰文斯观察谷物价格时，发现了其中一些周期性规律，杰文斯认为这绝非偶然。

杰文斯特意为此建立一套精致理论，将谷物价格与太阳黑子周期联系起来。杰文斯讨论了太阳黑子周期对天气的影响，天气又会影响农作物的产量。每当太阳黑子处于最低值时，农作物就会丰收，由此导致农产品价格偏低，这又会进一步刺激经济的发展。而且这种结果往往是国际性的。印度的丰收和廉价的食物将会使得工资收入者有剩余的收入，可以用来购买衣服，从而促进曼彻斯特棉布厂的繁荣。杰文斯的这个太阳黑子经济周期理论极富想象力，可惜它并没有经受住后来更多数据的实证检验。现在它经常作为反面例子出现在计量经济学教科书中。但是杰文斯的这种想法仍然有很大的启发性。

杰文斯通过这些研究一举成名。他从伦敦大学毕业不久就收到了曼彻斯特欧文学院的助教聘书，开始教学生涯。1866年，杰文斯成为欧文学院的逻辑学、精神和伦理哲学教授和科布登（Cobden）政治经济学教授。1871年，杰文斯正式出版《政治经济学理论》，这本书后来被认为开始了"边际革命"，开启了经济学的新一页。

杰文斯以极大的热情和勤奋投入他所选择的领域。从密尔开始，逻辑学就一直是一门与经济学高度相关的主流学问。杰文斯对此也有兴趣。1870 年，皇家学会展示了杰文斯发明的一种逻辑机器。这种逻辑机器只要给定一系列前提，就能够自动得出一个结论，这是现代计算机的某种雏形。1874 年，杰文斯又出版了逻辑学和科学方法论专著《科学原理》，介绍了他主张的研究方法。

同时，杰文斯也保持了对公共问题的关怀。早在 1865 年，他就出版过一本小册子——《煤炭问题》。他在这本书里认为英国煤炭会逐渐枯竭，提醒公众注意，从而受到了社会的赞誉。这本书某种意义上是在向马尔萨斯致敬，他把马尔萨斯对于生产资料的担心转移到对煤炭的担心上。但是他反对政府对于煤炭浪费的保护措施，因为以这种方式加以干预，会打破产业自由的原理。而自亚当·斯密以来，我们的大多数成功都应该归于对这一原理的认可。英国首相格莱斯顿阅读了这本书并给予高度评价。

杰文斯的经济学理论本身蕴含了自由主义思想，他自己也将自由主义和功利主义作为社会政策分析的重要工具。1882 年，杰文斯出版了《劳工问题介绍》。他就坚决反对对于成年男性劳动时间的法律管制。他认为，有些男性愿意延长劳动时间，使得家里的女性、儿童减少劳动或者免于劳动。从孩子的利益出发，学龄前孩子的母亲不应该去工厂或者作坊劳作。他们应该依赖别人获得普通的生活必需品，这本来只能由他们自己提供。

依据边沁的功利主义原理，杰文斯认为，如果任何法律、习俗或者产权被证明阻碍了最大幸福的实现，那么没有什么是神圣而必须予以保留的。但现实中的最大困难在于，我们并不容易证明某种改变将会提高幸福的总额，而这是我们必须继续加以思考的问题。

1872 年，杰文斯当选为皇家学会会员。1876 年，他很高兴地获得了伦敦大学学院的政治经济学教授职位，可以重回母校任教。从此，旅行和音乐成为他主要的消遣方式。但是他的身体依旧很差，还受到抑郁症的困扰。1882 年 8 月 13 日，因为身体原因而休假的杰文斯，在英国南部黑斯廷斯附近海岸游泳时不幸溺水身亡。

杰文斯的英年早逝对于政治经济学的发展是重大的损失。我们无法想象，如果缺少杰文斯，政治经济学是否还会发生如此剧烈的转向。后来的英国经济学泰斗马歇尔从年龄看与杰文斯是同代人，而且从杰文斯那里借鉴了大量重要思想。但他的生命要比杰文斯长很多，影响也大很多，很大程度上掩盖了杰文斯的光芒。后来的人都只知马歇尔，不知杰文斯。

熟悉经济思想史的凯恩斯对杰文斯赞不绝口，同时为杰文斯的贡献没有被广泛承认而抱屈。根据他的统计，直到 1936 年，杰文斯九部主要经济学著作总共只售出 3.9 万册。这个可怜的数字与杰文斯在思想史上承前启后的关键地位极不相称。

作为经济研究的同行，凯恩斯对前辈学者的心路历程有着深切的同情。他没有接触过杰文斯，只是通过阅读杰文斯的著作来认识他。在凯恩斯心目中，杰文斯是这样的：

"杰文斯本人是怎样一种人呢？这里没有关于他的深刻的个人印象的记载，而且在他逝世54年后，少数几个健在的认识他的人对他也难以存有清晰的印象。我相信杰文斯在他一生中任何时期，都没有给他的同伴们留下深刻印象。用现代语言来讲，他是非常内向的。他内心燃烧着智慧的火花，独自卓有成效地工作。在与外界的接触中，他既受到拒斥又引人注目。从童年起，他就对自己的能力充满无限自信。他极为渴望能够影响他人，而不愿意受他人的影响。他对家人充满深情，却不与他们或任何人关系亲密。"

5

瓦尔拉：
一般均衡理论

瓦尔拉小传

莱昂·瓦尔拉（1834—1910），法国经济学家。瓦尔拉从小受父亲影响，研究经济学。他在大学毕业后从事多种职业，并在各种杂志上发表文章，但并没有成为专业的经济学教授。1869年，瑞士洛桑大学开设政治经济学讲座，瓦尔拉申请成功，从此专业投入经济学的教育和研究。瓦尔拉于1892年退休，1910年去世。

1874年，瓦尔拉出版了《纯粹经济学要义》，与杰文斯不约而同地提出了"边际分析"的思想。此外，瓦尔拉还提出了"一般均衡思想"，对当代经济学产生了重要影响。

19世纪中期，经济学在法国还远不是一门独立学科。1834年，瓦尔拉出生在法国。他的父亲奥古斯特·瓦尔拉是法国颇有名气的哲学家。老瓦尔拉曾在法国卡因皇家学院任哲学教授。不过1831年，老瓦尔拉也写了一本《财富的本质》，开始被认为是个也精通经济学的哲学家。

老瓦尔拉有一位好友，叫作古诺，是一位对数学和哲学都很有造诣的学者。古诺一直在法国教育管理机构中担任官职，但他业余时候就在研究数理经济学。古诺一直在坚持不懈地构建一种"纯粹"的数理经济学，希望能推演出一般性命题，而不只是适合统计检验的命题，这种思路和英国斯密那一派的思路完全不同。古诺有大量精彩的想法，可惜当时并没有获得广泛承认。到了今天，我们在经济学教科书里经常可以看到古诺的名字，如产业组织理论中的"古诺模型"，这都是古诺身后很久以后的事情了。

但在当时，只有少数人注意到了古诺的工作，并对他的工作予以高度重视，老瓦尔拉就是这样有洞察力的学者。老瓦尔拉的《财富的本质》总结了当时学者对于经济问题的思考。从内容上看，老瓦尔拉已经非常接近主观效用价值论，只是还没有明确地把这个概念提出而已。在后来伦敦政治经济学院的罗宾斯教授看来，老瓦尔拉的经济学贡献可能被严重低估了。老瓦尔拉没有太多时间来研究经济学，但他一直鼓励儿子继续延续自己的工作，研究真正独树一帜的经济学。最后，瓦尔拉果然成为效用价值论的重要创立者之一。

可瓦尔拉青年时候对于数学或者经济学并没有兴趣，他的全部热情都放在文学上。当时法国文坛处于浪漫主义时期，雨果、大仲马这样的大师如日中天。1851 年，瓦尔拉先取得文学学士学位。1858 年出版了第一部小说《弗朗西斯·沙维尔》；1859 年，瓦尔拉又在《法兰西评论》上发表短篇小说《信》。这两篇小说并没有产生什么反响。瓦尔拉不得不承认，自己可能很难在文学上取得成功。

1859 年，瓦尔拉在发表小说的同时，也开始关心社会经济问题，从而涉及经济学。他在这一年发表了第一篇经济学相关文章。他的这篇文章主要批驳社会主义者普鲁东的基本思想，认为它并不可行。他在写作这篇文章时已经意识到，用严格的数学方式可以更好地表述自己的经济思想。从那时起，他明白了自己以后所要从事的工作。当然，瓦尔拉的这种理想在当时的法国科学界里仍然没有得到任何反响。

在这个时期，瓦尔拉认识了很多圣西门派的朋友。圣西门已经在 1825 年去世，但是有很多信徒继续传播圣西门的思想。圣西门创造了一种产业工人能够理解的新宗教，强调互助。圣西门提出一个基本原则：如果一个人要分享社会成果，他就必须工作，而整个社会就应该向着一个大型工厂的模式进行改造，每个人根据自己对社会做出的贡献而获得相应的回报，积极努力的人应该获得更多，而袖手旁观的人获得更少。圣西门派当时是法国社会中一个重要的思想学派，瓦尔拉与他们有很深入的讨论。但讨论的结果是，瓦尔拉认定圣西门派的社会主义理论与其他形式的社会主义一样，都存在难以克服的问题。

从根本立场上看，瓦尔拉相信自由主义，相信自由竞争，反对垄断。这一点，他与斯密等英国经济学家是完全一致的，他们从不同起点出发，运用不同的思考工具，最终取得了相近的结论。瓦尔拉认为，税收必定会影响自由竞争。国家固然不得不占据某些领域，但主要是占据那些不可能实现自由竞争的领域，诸如土地、铁路等。这样一来，国家既然掌握一部分提供经济收入的财产，就可以不再征税，使得绝大多数经济领域能保持竞争的活力。

1860 年，瓦尔拉偶然参加了一个在瑞士洛桑举行的税收会议，发表了一篇关于税收的论文，也认识了著名律师和政治家路易·罗松奈。这是他的第二篇重要的经济学论文。瓦尔拉当时并没有当回事，也没想过全职投入去研究经济学。可正是这些为数不多的论文，日后帮助瓦尔拉获得了在洛桑教授经济学的机会。

在当时，瓦尔拉还想着直接参与社会改造。为了进一步研究圣西门主义，1865 年，瓦尔拉与朋友共同办了一家生产合作银行，对法国合作运动开展研究。从 1866 年至 1868 年，他们主办了经济杂志《劳动》月刊，瓦尔拉担任杂志编辑。瓦尔拉在巴黎就合作运动等经济问题多次公开演讲。1868 年他又出版了《社会理想的研究》，主张社会各阶级利益调和，反对暴力。但这些活动都没有取得理想的效果，他们的银行也在 1868 年破产倒闭。

瓦尔拉的观念发生了一些改变。既然整个环境不利于做一个革命者，那么就尝试着向学术界发展。瓦尔拉一开始想在法国找一个教职工作，但始终未能如愿。因为他的研究在法国从未获得承认。1870 年 12 月，瓦尔拉就在罗松奈的推荐下，以特别教授的身份在洛桑学院作第一次讲学。最终只有瑞士接纳了他。洛桑学院并不是一个出名的大学，但它给予瓦尔拉一个安稳的治学环境。1871 年，瓦尔拉被洛桑学院聘为教授。

在洛桑学院，瓦尔拉开始自学微积分，沿着父亲指引的道路，更深入地学习古诺等前辈的著作，尝试着发展边际效用的数学理论。1873年，瓦尔拉发表了一篇论文——《交换的数学理论原理》。瓦尔拉没有受过系统的经济学教育，对当时的学界进展并不清楚。他在开展研究时，主要延续法国一直以来的传统思想，没有读过英国经济学家杰文斯的研究。但是当他偶然读到杰文斯的论文后，突然发现自己推演出的理论结构与杰文斯非常接近。1874年，他主动给杰文斯写信，并且附上一篇自己最新的效用理论的论文。

杰文斯收到瓦尔拉的论文后非常惊讶。他很快就回复了一封措辞漂亮的信。杰文斯婉转地问瓦尔拉，是否读过自己1866年给英国经济学会写的论文，是否读过自己1871年出版的《政治经济学理论》。如果没有读过，自己非常愿意寄上一本。

瓦尔拉当然明白杰文斯的用意。为了重要理论的发明权而争得不可开交，这在学术界已有大量先例。比较出名的就有牛顿和莱布尼茨关于微积分发明权的争论、达尔文和拉马克关于进化论的争论等。瓦尔拉无意与杰文斯争夺效用理论的发明权。他给杰文斯回复了一封坦率也充满羡慕的信。

在信中，瓦尔拉首先承认了杰文斯对于效用理论的发明权，虽然杰文斯不过比他早了数年。同时，瓦尔拉也解释了自己研究效用理论的心路历程。他向杰文斯介绍了他父亲当年的工作，阐明自己如何在父亲的影响下继续思考这种理论。他也向杰文斯建议，虽然英国走在经济学研究的最前沿，但也不妨多注意法国学界过去对这种理论的思考。

从这个回合来看，瓦尔拉与杰文斯都还保持着一定的风度，并没有闹翻。他们都相互了解了各自的工作，不想在发明权这个问题上继续纠结。杰文斯很快于 1882 年过早地去世了。但瓦尔拉与英国学界之间无疑种下了芥蒂，此后，瓦尔拉与英国学者的关系始终不太融洽，英国学界也不想承认他的贡献。后来，瓦尔拉先后与英国的威克斯蒂德、艾奇沃斯、马歇尔等学者之间出现过严重的矛盾。

1874 年，瓦尔拉《纯粹政治经济学要义》一书出版。瓦尔拉把经济学分成纯粹经济学、实用经济学和社会经济学三大部分，纯粹经济学是实用经济学和社会经济学的基础。在他看来，"纯粹经济学本质上是在假定的绝对竞争制度下价格规定的理论"，是"社会财富的理论"。纯粹经济学虽然可用一般的语言表述，但必须用数学方法论证。它"是一门如同力学和水力学一样的物理—数学的科学"。在这本书中，瓦尔拉用代数公式和几何图形对"纯粹经济学"理论作了详细的说明和论证。

也正是在这本书里，瓦尔拉提出了"一般均衡理论"，这无疑也是他这一生最重要的经济学贡献。今天当我们提到瓦尔拉这个名字的时候，总是与一般均衡理论联系在一起。这种思维方式很不英国化，确实是瓦尔拉独有的创造。

瓦尔拉充满想象力地把无数个不同的市场联系在一起，从总体层面思考它们的互动关系，描绘出一般均衡理论的形态。瓦尔拉最初从古诺的著作出发。他发现，古诺的需求曲线反映的是需求量与价格之间的函数关系，只能严格地用于两种商品之间的交易，而对于两种以上商品的交易只能提供一种近似值，这个结果并不能令人满意。

而瓦尔拉就选择从这里进行突破。他认为，我们不能只考虑单一的市场。将某种消费品市场作为思考的出发点，必然涉及这种商品的生产，就是上游的市场。进一步推敲，可以继续上溯和延伸，最后把几乎所有的市场都牵扯进来。所有市场的变动无法分出先后，必须同时考虑它们的影响结果，而必然的结果，就是一种全局性的稳定，这就是一般均衡。

但是限于数学工具的有限性，瓦尔拉并没有真正证明一般均衡的存在。这个工作要到半个多世纪之后，美国经济学家阿罗与法国数学家德布鲁合作，用严格的数学工具证明了一般均衡的存在。阿罗与德布鲁的工作产生了巨大的影响，分别获得了诺贝尔经济学奖，后人也把这套理论称为瓦尔拉—阿罗—德布鲁一般均衡理论。直至今天，一般均衡理论仍是几乎所有经济学理论的根基，它为当代新古典经济学提供了一个最完美的基础模型。

在瓦尔拉的鼎盛时期，他几乎与他所知的每一位经济学家都进行过通信联系。他这样做的主要原因在于瑞士没有什么学生对他的研究感兴趣，完全缺乏经济学的学术环境。瓦尔拉想摆脱他对学生的失望，也想让他的研究获得更多同行的评价。

瓦尔拉留下大量的通信。他在书信里表现出极大的热情，说服、恳求、诱导，什么手段都有，只是希望能获得更多经济学家的认同。可是长期以来，以英国为代表的经济学界一直试图否定他的著作，并且对他进行批判。不过这一类的否定并没有抹杀瓦尔拉著作的影响，还使得他的著作的影响与日俱增。

当时几乎没有人为瓦尔拉直接辩护，瓦尔拉只能默默地看着自己的名字越来越多地出现在经济学论文的注脚里。瓦尔拉对此非常感慨，他日记里大量记录了自己的奋斗和失败经历，他的一生充满了悲剧性的彷徨。

瓦尔拉可以说建立了一个学派，有人称之为洛桑学派。在瓦尔拉之后，洛桑学派最出名的经济学家就是帕累托。帕累托继承了瓦尔拉在洛桑学院的首席教授职位，并且延续瓦尔拉的工作，提出一系列至关重要的经济学概念。而且，瓦尔拉不知疲倦地写信，极大地推动了经济学的国际交流，对于整个经济学界而言，这是他作出的另一项重大贡献。

一直到1965年，瓦尔拉的那些书信才得以整理出版。目前可以读到1800封书信，跨越了50年，包含5种文字，探讨了经济理论、经济政策、经济学职业，以及其他一切瓦尔拉所感兴趣的问题。无疑它们是从数量更为惊人的留存书信中挑选出来的。这些书信本身就是一部经济学思想史。

在这些书信里，我们可以还原一个更为真实的瓦尔拉。他极为仇视所谓的"英国传统"，几乎不放弃任何一个机会去攻击李嘉图、埃奇沃斯或者马歇尔。杰文斯算是瓦尔拉相对愿意讨论问题的英国经济学家，可瓦尔拉也不忘在通信里攻击密尔，"就像他是一个平庸的经济学家一样，他也是一个蹩脚的逻辑学家"。

今天大多数经济学家会同意，瓦尔拉的贡献更多是一种经济学研究的形式，而不是内容。瓦尔拉对待一般均衡体系，拥有一种罕见的建筑师的素质。这种体系的模型非常精致，但瓦尔拉并没有具体地为体系中每一个方程求解或者进行统计研究。

虽然瓦尔拉本人并不是一个优秀的数学家，但他的精致系统明确无误地表明了数学在解决复杂经济学系统问题上的潜力。瓦尔拉的一般均衡体系包含了一种深刻洞见，帮助我们看到最终产品市场的均衡与要素市场的均衡是一致的。这种洞见确实是英国学术传统中很难发现的。

后来的一本百科全书里关于瓦尔拉的条目是这样评价他的："这就是瓦尔拉的成就，他是一个孤独的、爱发脾气的博学者，经常处于窘迫的环境中，为疑病症和狂想症的情绪所困扰，顽强地跋涉于充满敌意的、未经探索的领域，去发现一个新的制高点。正是在这个基础之上，随后的几代经济学家才能开始他们自己的发现。"

6

门格尔:
主观主义

门格尔小传

　　卡尔·门格尔（1840—1921），奥匈帝国著名经济学家，奥地利学派创始人。门格尔取得法律博士学位，在乌克兰和维也纳的报社担任记者，报道财经新闻，从而开始研究政治经济学。门格尔随后进入首相办公厅新闻部工作，并于1871年写出了《国民经济学原理》。1872年，门格尔正式成为维也纳大学法学院的教授，从此开始教授经济学。门格尔在维也纳大学培养了一大批优秀学生，后来共同构成了"奥地利学派"。门格尔于1903年退休，1921年去世。

　　门格尔最重要的著作就是《国民经济学原理》，独立提出了"边际分析"方法，与杰文斯、瓦尔拉等一道构成了"边际革命"。此外，门格尔还与当时占据主流的德国历史学派展开了"方法论之争"。

　　门格尔于1840年出生于加利西亚，这里当时还属于奥地利，今天已经属于波兰了。门格尔早年在维也纳大学和布拉格大学学习法律和政治科学，最后获得法学博士学位。门格尔在法学专业里学习了大量经济学知识，这也是奥匈的传统，即在法学教育中讲授经济学知识，后来的米塞斯等都是如此。门格尔毕业之后，成为撰写经济文章的记者，后来又进入奥地利首相办公厅的新闻部工作。1871 年，他就是在做这些行政工作时，出版了他的代表作《国民经济学原理》。这本书与杰文斯的书同期出版，所以一般认为他们两人共同发动了经济学中的"边际革命"。门格尔在写完这本书之后，才决定返回大学，担任维也纳大学法律系的教授，后来变成政治经济学的讲座教授。

门格尔在维也纳大学期间，致力于教学，培养学生。他于1883 年出版了自己的第二部著作《经济学与社会学问题》。这本书引发了德国历史学派领袖施穆勒的不满，两人随后你来我往地展开笔战，这就是后来所谓的经济学方法论大论战。双方都有大量出色的学生参与到这场论战之中。

门格尔在 1903 年辞去教职，专心写作。但是我们对门格尔晚年思想所知甚少，那时他的学生庞巴维克、维塞尔等已经活跃在学术界，甚至米塞斯都已经崭露头角，让大家忘了奥地利学派开山鼻祖门格尔还活着。门格尔晚年的手稿，以及他的所有藏书，后来都捐献给了日本一桥大学。现在有一些学者去日本尝试研究门格尔留下的文献，去探究他晚年的真实想法。

门格尔的经济思想就是最典型的奥地利学派风格：从一些最简单的概念出发，不断演绎，最后形成一个庞大的、逻辑严密的系统。门格尔认为，所谓的商品，就是可以通过因果关系、用来满足人类需要的有用的东西。门格尔这里论证的关键是需要，而不是杰文斯所说的快乐。因为门格尔认为，商品的满足需要的能力或者说需要本身并不必然是真实的，也可能是想象中的。所以不应该用英国式的、强调身体快乐的功利主义，而应该关注需要这个概念本身。

人们需要不同等级的产品。例如面包、饮料，这些东西都直接服务于人类的需要，不再经历生产迂回，直截了当，所以这些商品被称作第一级商品。但是我们生活中还有大量其他商品，比如面粉，比如烤箱，它们不能直接满足人类的需要，但它们可以生产出满足人类需要的面包。相比之下，它们就是比面包更高级的商品。当然，较高级别的商品总是需要补充性的商品；离开了补充性商品，这些高级商品也就丧失了它们作为商品的特征。例如你只有烤箱，却没有生产面包所必须的面粉原料，那么烤箱本身无法生产出面包，它也就失去作为商品的特征和意义了。

门格尔的思想方法在这个例子中就已逐渐展现。他设想的经济人，深知经济物品是稀缺的，所以会在各种需求之间做出选择，满足自己的某些需求而不去满足另一些，这样就能取得主观而言最优的结果。这种方法摆脱了功利主义方法论，也不需要最大化快乐，而是根据稀缺性的概念另外构建了一套分析体系。

具体而言，个人在比较对不同类型的需要的满足时，必须考虑满足有不同的重要性。一个人首先会满足最重要的需求，接着满足次重要的需要，以此类推，一直到最后实现满足的饱和。门格尔得出这样的结论：对于单个人而言，在某种商品的总量中，任何一个单位的价值，等于借助于该种商品总量的一个单位而取得的最不重要的满足的意义,或者说最少依存应用。所以,较高级物品的价值最终派生于第一级物品的价值,即烤箱的价值取决于面包的价值。而第一级物品的价值,派生于现存数量的最小依存应用。这就是门格尔的边际理论。

门格尔将自己的论证建立在既有的过去生产成本条件下所生产的存量商品基础上,这些成本已经与今天不相关,也不必再考虑成本与价值决定因素之间的关系。这就是门格尔《国民经济学原理》中最重要的讨论。另外要提醒的是,门格尔没有对供给进行分析,自然也不会有供需分析,他根本不需要需求函数或者需求曲线,他只需要人是趋利避害、一切商品都有稀缺性这样基本的前提条件即可。所以,门格尔的经济学是一套独立演绎的经济学,与新古典经济学无关。

同时,门格尔也并不认为自己的理论只是纸上谈兵而没有现实意义。门格尔就讨论过货币问题,后来货币理论也成为奥地利学派中很有特色的一种理论。门格尔认为,货币的产生不能在公开的传统习惯或者公共当局的行动中去寻找。正是追求利益引导人们相互交换更容易出售的商品,而货币正是市场中最容易销售的商品,它的价值决定与其他交换对象的价值决定方式一样。所以说,货币不是通过设计产生的,也不是计划的结果,而是许多个人追求自己利益的互不相干的行动所产生的出乎意料的结果。

在门格尔的时代,德语世界的经济学由德国历史学派占据最主要的职位。他们的基本研究理念可以简单地概括为"没有理论的历史",否定对经济社会进行抽象的、一般性的逻辑演绎，认为研究的任务仅仅在于积累历史经验和数据，甚至认为规律自己就会从历史数据之中浮现出来。门格尔则坚决捍卫由亚当·斯密所开创的一般性经济理论研究传统，认为在经济研究之中，经验积累的历史方法和逻辑演绎的理论方法都是不可或缺的，"历史与理论"两者并不矛盾。

门格尔曾经将经济领域明确分为三大类科学：首先是有关经济的历史性科学和统计学，任务是"探究和描述经济现象的个别性质和个别联系"；其次是理论经济学，其任务是探究和描述经济现象的一般性质和一般联系，也就是研究经济规律；最后是国民经济的实用性科学，任务是探究和描述在国民经济领域中据以采取恰当行动的基本原则，例如经济政策和财政科学。而门格尔真正关注的，就是第二类，理论经济学。

门格尔否定在自然现象中才能找到精确法则和精确类型的观点。他认为，历史学派的错误在于试图用现象世界中的现象来检验精确理论，"对于具体现象的理解，应当严格地与关于这种理解的科学基础，也即与有关该现象的理论和历史区分开来，关于具体经济现象的理论性理解，尤其要与经济理论区分开来。……借助该理论来理解具体的经济现象，将理论经济学作为进行理解的工具予以应用，利用经济学理论来研究经济史——这些都是历史学家的课题"。他形象地提出比喻，"用包含着全部现实的经验去检验纯经济理论，就像数学家通过测量实物以纠正几何原理一样，他没有考虑到前者与纯几何学所假设的量不是一回事"。

历史学派的领袖施穆勒及其追随者强烈反对门格尔《国民

经济学原理》提出的思想。施穆勒对门格尔的方法论批评进行了回应，门格尔又做了还击；这一争论不断扩大，并且变得更尖锐、更个人化，不可调和。

熊彼特曾经听过门格尔的课，门格尔给他留下了深刻的印象。"门格尔教授虽然年已五十，却精力充沛，思路敏捷。讲课时极少使用讲课笔记，除非确证一个引语或时间。他表达观点的语言简洁明了，宛若从口中自然而然地流出，而强调时所作的姿势也恰到好处，以至于听他的课不啻为一种享受。学生们感到自己是被引导着而非驱赶着，他们一旦有思想火花并经过思考得出结论，也不是无中生有而显然是自己智力活动的产物。"

在熊彼特看来，就文章本身的质量而言，门格尔的作品完全能与哥白尼的作品相媲美，都是革命性质的。而如果把经济学研究视作一个庞大帝国的话，"门格尔在经济学上的个人成就也是可以与拿破仑和亚历山大大帝平起平坐的"。因为门格尔不仅推动了边际革命，也创立了一个全新的经济学流派——奥地利学派。这个学派在以后一百多年经济学的发展过程中，都发挥了重要的作用。

7

庞巴维克:
奥派方法论

庞巴维克小传

　　欧根·冯·庞巴维克（1851—1914），奥匈帝国著名经济学家，奥地利学派代表人物。庞巴维克在维也纳大学学习时，认识了门格尔，从此投身于门格尔所主张的奥地利学派经济研究之中。庞巴维克毕业后，曾在奥地利多所大学执教，在1880年代陆续出版了他的代表作《资本与利息》。1895年，庞巴维克成为奥地利的财政部长，严格执行金本位下的预算平衡。1904年以后，庞巴维克辞职回归维也纳大学，培养了一大批优秀学生。1914年，庞巴维克去世。

　　庞巴维克最重要的著作就是三卷本的《资本与利息》。他在书中进一步拓展了奥地利学派的研究方法。

　　庞巴维克（Eugen von Böhm-Bawerk），1851年2月出生于莫拉维亚的布伦。他的父亲是一位著名的官员，曾因在平息1848年加利西亚骚乱中立功而被封为贵族，1856年去世时是莫拉维亚的副总督兼奥地利帝国政府驻莫拉维亚的行政首长。

　　庞巴维克在维也纳大学就读法律学时，阅读了门格尔所著的《国民经济学原理》。他很快便成了门格尔理论的忠实支持者。熊彼特这样描述庞巴维克："他彻底热衷于门格尔的理论，以至于他根本不需要研究其他的理论家"。在维也纳大学就读的岁月里，他结识了另一名奥地利学派经济学家弗里德里克·冯·维塞尔，两人后来都成为门格尔的女婿。

　　1875 年，庞巴维克取得了法学博士学位以后，得到一笔出国研究的政府助学金。为在一所奥地利大学教经济学做准备，他就跑到海德堡同克尼斯一起工作了一年，又分别在莱比锡大学和耶拿大学各待了一学期。当时这些学校都有非常出色的历史学派的经济学者执教。庞巴维克的研究风格与历史学派截然不同，但是他也从这些主流学者身上学到了很多。接着，他在财政管理局和财政部工作了三年，于 1880 年取得了教授资格，被聘为因斯布鲁克大学经济学教授，在这里教书教到1889 年。

　　就在奥地利政府的财政部门任职期间，庞巴维克开始酝酿写作《资本与利息》。到了因斯布鲁克之后，庞巴维克进入一生中最有收获的时期。1881 年，他在取得教授资格的论文基础上写成的一本关于商品理论的书出版了；1884 年，他的《资本和利息》第一卷出版。从今天的角度看，这也是一本了不起的著作，堪称奥地利学派的代表性著作。1886 年，庞巴维克又在最有影响的德文经济学杂志上发表了一篇有关价值理论的专题论文；1889 年，《资本和利息》第二卷出版。

　　这些著作使庞巴维克一举成名，很多服膺门格尔思想的人，都把庞巴维克视作门格尔理所当然的接班人。这些人后来就被称为奥地利学派。可以说，庞巴维克和门格尔一样，都是奥地利学派得以成立的必不可缺的人物。两人相互成就，奠定了奥地利学派的根基。

1889 年，庞巴维克放弃维也纳大学教授的席位，去奥匈帝国财政部工作。这份工作使得他有机会制订奥匈帝国的所得税改革方案。在此期间，庞巴维克起草了一份直接税税制改革计划。当时奥地利的税赋体制对于经济生产课以重税，这对奥地利经济的投资活动造成极大障碍。庞巴维克认为，减税反而能促进经济活动，有利于经济发展。他提议设立现代的所得税制，这项改革很快被通过，并在接下来几年里获得了巨大的成功。

所以到了 1895 年，庞巴维克就成为奥匈帝国的财政部长。此后，他又断断续续地担任了几届财政部长，最长的是第三次——从 1900 年直至 1904 年。就职期间，他兢兢业业地保持稳定的金本位，也保持平衡预算。此外，他还在 1902 年取消了政府对制糖业的补贴。所有这些举措，都是典型的奥地利学派所主张的自由主义改革方案。最后，他在 1904 年辞职重返大学。当时奥地利军方的开支不断增加，他再也无法平衡预算，无法施行奥地利学派的政策方案，于是干脆回归校园。

后来有一些经济学家批评庞巴维克奉行的"一便士也绝不多花"的政策，认为当时奥匈帝国的经济发展迟缓，主要就是因为庞巴维克不愿在公共建设计划上增加投入。但是也有一些学者支持庞巴维克的做法。他的学生熊彼特就高度赞美庞巴维克，认为他在任内对于奥匈帝国财政稳定做出贡献。后来熊彼特在一战之后也担任过解体的奥地利的财政部长，干得非常糟糕，所以对庞巴维克的工作性质有了更深的体会。

1904 年，庞巴维克回到维也纳大学。当时维也纳大学为他特设了一个教授席位，他就与维塞尔一起，讲授经济理论并举办一个讨论会。这个讨论会吸引了许多有才华的学生，如希法亭、奥托·鲍尔、熊彼特以及米塞斯等。这种研讨会的形式也被后来的奥地利学派所继承，米塞斯的讨论会非常有名，还从欧洲延续到了美国。

但是，庞巴维克并没有从此回到平静的学者生活。1902 年，他当选为奥地利科学院院士，1911 年当选为院长。1895 年他担任枢密顾问，1899 年担任奥地利上议院议员。另外还不时接受政府其他的各种任命。他在作为奥地利官方代表去瑞士参加卡内基基金会会议的途中得病，1914 年在那里逝世。

在经济学理论开拓中，庞巴维克勇敢地面对了两项最重要的任务。首先，因为经济理论涉及的事实是以价值的形式表现出来的，而价值不仅是经济世界的原动力，也是使这个世界中的各种现象具有可比性和可度量性的形式。理论家关于经济世界的看法，取决于他关于价值现象的看法。所以，庞巴维克的第一个任务就是制订出一套奥地利学派的价值理论。

庞巴维克为奥地利学派建立了价格决定机制的理论。他认为，价格自始至终都是主观评价的产物。在个体经济中，人们对物品进行单独的主观估价。当不同的孤立的经济人在市场中相遇时，他们之间发生竞争，结果就是制订出市场平均价格。

庞巴维克首先规定了交换的三个基本原则：第一，只有交换能给自己带来利益时，他才愿交换；第二，个人愿意为较大利益，不愿意为较小利益交换；第三，在不交换就无利益可得时，个人也愿为较小利益交换。在此基础上，庞巴维克又讨论了市场上的四类交换及每种情况下价格的决定。

首先，孤立的交换：只有一个买主和卖主的交换。这时价格是以买主对物品的评价为上限，以卖主的评价为下限，价格在二者之间形成。具体在哪一点上取决于买方和卖方的竞争。

其次，买主单方面的竞争：卖主只有一人，买主多人。这时价格以购买成功者，即对商品评价最高的购买主的评价为上限，以竞争失败者中最有竞争能力的买主对商品的评价为下限，价格在二者之间形成。买主之间单方面的竞争使价格有上升趋势。

最后，卖主单方面的竞争：买主只有一个，卖主多人。这时价格以出卖成功者，即对自己商品评价最低的卖主的评价为下限，以竞争失败的卖主中最有竞争能力者的评价为上限，价格在二者之间形成。卖主单方面竞争使价格有下降的趋势。

庞巴维克始终是主观价值论的警惕而有权威的保护者，他多次进行有关主观价值论的争辩。这件事也是他的生平事业中的一部分。他不能忍受任何没有经过反复推敲和证实的论点持续存在，觉得必须不断重新进行研究来消除每一个可能的理论上的疑点。经过庞巴维克的反复琢磨，这个问题已经成为奥地利学派的经典命题，对李嘉图、马克思一脉的客观价值论造成了致命打击。

庞巴维克的第二个任务与利息和利润理论有关，他需要制订出奥地利学派的利息理论。庞巴维克在《资本实在论》中深入分析了资本和利息。他认为，利息理论本质上是对影响或决定现在物品和未来物品之间交换因素的解释。庞巴维克将其总结为三点：第一是价值时差论，他认为现在的物品比未来的物品更有价值，放弃现在价值高的物品，换取未来价值低的物品，就必须给予利息补偿；第二关乎人的心理因素，人必然地缺乏远见，所以未来的价值会系统性地贬值；第三，也是庞巴维克最重要的洞见，迂回的生产方法比直接的生产方法更有生产力，利息主要来源于迂回生产的多产性。

作为迂回生产有增加生产力的作用这一原理的最直接的发展，庞巴维克提出这样的主张：进一步延长生产周期能进一步增加最终产品，但增幅是递减的。为了确定在生产中使用递增数量的劳动的那些货物的生产时期，庞巴维克建立了"平均生产周期"概念。

庞巴维克关于利息理论的洞见影响深远，但也遭受了诸如费雪乃至凯恩斯等的批评。由于其在显示操作中难以令人信服，其利息理论并没有被后来的主流经济学所消化吸收，后来费雪通过时间偏好和投资机会来解释利息成为利息理论的主流思想。

今天看来，庞巴维克最主要的著作就是《资本和利息》的第一卷和第二卷。第一卷题为《资本利息理论的历史与批判》，这是经济学著作中非常重要的一部批判性质的著作。第二卷题为《资本实证论》，则是立论性质的著作。这两部著作共同构成了奥地利学派的早期经典。它们一经出版就得到了广泛重视，随着时间的推移，声誉也在不断随之上涨。

庞巴维克被很多人称为典型的"古典作家",因为他的写作风格就是如此,直截了当、朴实无华、审慎含蓄。这也是奥地利学派的普遍文风。庞巴维克坚持,好的作者应该让他论述的对象说话,而不会让他本人的激情分散读者的注意力。所以,他特别注重基础观念的逻辑形式,准确却毫不夸张。

熊彼特认为,庞巴维克是科学的开拓者,但不是沙龙科学家。因此,他对一个人究竟是能真正说出原因和结果,还是只能说出函数的关系,并不十分关心。庞巴维克并不在乎他所使用的术语是否足够精确,他使用"边际效用"这一概念的时候,有时候是指一种微分系数,另一些时候则是指系数和一种数量因素的乘积。庞巴维克并不在乎是否清晰地明确效用函数的形式特征,他认为这些不重要。对他来说,生死攸关的问题是那些基本原则。

同时,庞巴维克也几乎不参与当代的时事问题的讨论。他对任何政治立场都采取了敬而远之的态度,他的作品不属于任何党派。因为他实在研究了太多时事问题,处理了许多大的实际问题。他认为,这些讨论都是受实践中有争议的问题支配的,而且受讨论水平的限制,无法深入下去。庞巴维克在经济学领域是个纯粹的学者,不想被这些实践问题模糊焦点。

事实上,我们今天已经很少记得庞巴维克的那些实践工作,即使他做得也不错。真正在经济学历史上留下位置的就是他的两本专著,阐明了奥地利学派的基本观念,并且孕育出熊彼特、米塞斯等诸多后来的重要的奥地利学派学者。

8

帕累托：

福利的标准

帕累托小传

维尔弗雷多·帕累托（1848—1923），意大利著名经济学家、社会学家，洛桑学派的代表人物之一。帕累托出身为意大利贵族，生于巴黎，后返回意大利。帕累托大学毕业后，在铁路公司担任工程师，后来成为意大利铁路公司的总经理。帕累托经常访问英国，接触到斯密思想，从此开始研究经济学。1892 年瓦尔拉推荐帕累托接替他在洛桑大学的经济学教职，1893 年帕累托被任命为洛桑大学政治经济学教授，正式开始学术生涯。帕累托很快就出版了《政治经济学讲义》。1901 年开始，帕累托的研究又转向社会学，也出版了一系列重要著作。1923 年，帕累托死于瑞士。

帕累托的学术生涯开始得很晚，他专注研究经济学的时间也不长，但贡献了一系列重要的分析成果。他所提出的一系列福利经济学问题，如帕累托最优、帕累托改进等，最终也都以他的名字来命名。

1848 年 7 月，维尔弗雷多·帕累托出生于巴黎。但是帕累托是标准的意大利人，他的家族是热那亚的贵族，18 世纪初进入贵族阶层，一直在意大利具有重要的地位。18 世纪末期，具有意大利血统的拿破仑在法国崛起，形成了拿破仑帝国，顺便也统一了意大利。帕累托家族自然投靠了拿破仑，1811 年，帕累托的祖父被拿破仑封为帝国男爵。

帕累托父亲积极参与革命活动，一直在意大利和法国之间流动，所以帕累托出生于法国。1850 年前后，帕累托跟随全家返回意大利。他学完传统的中等教育课程后，在都灵大学攻读工程学。最后，帕累托以一篇题为"固体平衡的基本原则"的论文作为毕业论文。所以，帕累托具备非常扎实的数学基础，这为以后的经济学研究打下了基础。

1874 年以后，帕累托迁居佛罗伦萨。当时正是铁路产业在全球快速发展阶段，帕累托也投身这个领域。他先是在意大利铁路公司担任工程师，后来逐步升至意大利铁路公司的总经理。因为业务需要，帕累托经常到国外旅行和考察，所以经常前往英国。他很早就熟读了亚当·斯密的著作，非常佩服，还加入斯密学会。

所以在意大利的工作中，帕累托坚定地反对意大利政府所主张的国家社会主义、保护主义和黩武政策。帕累托认为自己是一个民主主义者，必须毫不妥协地拥护自由主义。从某种角度看，英国古典政治经济学对帕累托的思想立场确实起到了极大的作用。

1882 年，帕累托参加皮斯托亚选区议员竞选但没有成功。1889 年娶俄裔的亚历山大·巴枯宁为妻。他仍继续担任意大利铁路公司总经理的职务，但是自己已经对这项工作感到厌烦。

帕累托一直对经济问题和社会问题深感兴趣，平时也写过不少分析经济问题的小文章，但从未真正投身于此。意大利学界并没有什么大学设立经济学课程，帕累托也并不清楚自己有没有能力真正进入经济学研究领域，他完全是个圈外人。

帕累托的一生可以分为前后两个阶段。前半个阶段，他就是一个普通的工程师，铁路公司的技术官僚。而到了 1891 年，帕累托的人生发生了一次巨大转折，进入了下半场。这一年，他读了马费奥·潘塔莱奥尼的《纯粹经济学原理》，开始对经济学产生狂热的兴趣。他继续写作经济学分析文章，并且利用他的数学优势，尝试用数学方法来重构现有的经济学理论。

正是帕累托的这些文章引起了瓦尔拉的注意。身处瑞士洛桑的瓦尔拉广泛阅读欧洲各地的文章，发现了与他思考非常接近的帕累托。瓦尔拉极端强调数学工具在经济分析中的重要性，而他本身却不是一个很好的数学家，帕累托在这一点上比他更有优势。1892 年，年迈的瓦尔拉推荐帕累托到洛桑来，接替他在洛桑大学开设政治经济学课程。1893 年，帕累托获得了洛桑大学的正式任命。就这样，并没有系统学习过经济学的帕累托开始了全新的职业生涯，正式进入经济学领域。

帕累托非常感激瓦尔拉的知遇之恩，并热情地投入瓦尔拉著作的研究之中。帕累托的经济学研究从瓦尔拉起步，基本框架都源于瓦尔拉，也是非常坚定的瓦尔拉主义者。1896 年，帕累托在洛桑用法文出版了两卷本的《政治经济学讲义》。这部著作是他交给瓦尔拉的答卷，完美地综合了瓦尔拉的经济学体系，并且补充了自己发明的众多经济学概念。

但是帕累托也对瓦尔拉的体系进行了拓展，并删去一些他认为不必要的内容。他对瓦尔拉体系最大的改进就是在效用理论中引入了无差异曲线。这是帕累托从英国学者埃奇沃斯那里学到的知识，并不是自己的原创。

帕累托认为，无差异曲线能够消除一切主观因素，人们可以通过单纯的观察而刻画出无差异曲线。基于无差异曲线，我们的效用理论也应该是序数效用理论，而非基数效用理论，效用本身是不应该被客观测量的。

两卷本《政治经济学讲义》基本奠定了帕累托在经济学界的地位。1898 年帕累托继承了一位伯父的一大笔财富，从此衣食无忧。但是他与意大利的社会主义者始终保持密切联系，后来曾在瑞士家中接待一批来自意大利的社会主义者，帮助他们逃避国内的镇压。

1901 年，帕累托移居日内瓦的"安哥拉"别墅，就在优美的莱芒湖边。帕累托从瓦尔拉的理论框架进入福利经济学领域，而为了实现福利经济学所倡导的目标，原先他所秉持的自由主义立场就显得太单薄。他的思想转向保守，认为需要在经济学之外，更多地讨论社会和政治问题。1901 年，帕累托《社会主义体制》用法文在巴黎发表。当时正值欧洲社会学和政治学逐渐成型的时期，所以帕累托也成为社会学和政治学思想史中的关键人物。

1906 年，帕累托最重要的经济学著作《政治经济学指南》法文版出版。在这本书里，帕累托提出了今天我们称之为"帕累托最优"的条件，这也是最大化福利的最基本的条件。后来有其他经济学家对此建立了更严格的数学证明，完全竞争的产品市场与要素市场能够实现帕累托最优。这也成为新古典经济学得以成立的最基础工作。

帕累托最优的基本想法是这样的。帕累托认为，当不存在能够使得某人处境变好、同时又不使其他人的处境变坏的任何变化时，这时就实现了福利最大化。在这种状态下，社会不能以帮助某人而又不伤害其他人的方式来重新安排资源、产品、服务的分配。

帕累托最优有几个直接的引申结论。第一，此时产品在消费者之间实现最优分配；第二，资源也实现了最优配置；第三，达致最优的产出数量。帕累托用埃奇沃斯盒状图证明了这一点。这个证明，今天可以在任何一本中级微观经济学的教科书中找到。

帕累托的这套理论是非常有力的福利分析工具，但是它也存在一些明显的问题。早在帕累托发表自己研究的时候，就有一些经济学家指出其中存在的问题。第一，帕累托最优显然不涉及分配公平问题，而分配公平越来越成为经济学研究所关注的问题。举个例子，假如一个国家的所有财富都集中到国王一个人手里，其他人都一贫如洗，这种糟糕的状况却满足帕累托最优。因为你不可能在不影响一个人（就是国王）福利的情况下，提高另一人的福利。

反过来，当时有很多国家都在尝试提高国家总体产出和总体福利的公共政策，而这些公共政策不可避免会导致一些再分配问题，也就是必须对某些人的福利产生伤害，尽管政府也可能在事后加以补偿。而根据严格的帕累托最优准则，这些公共政策应该被禁止。如此严格的准则，最终反而导致绝大多数人陷于不利的状态之中。

帕累托最优准则把一些普遍认为合理的公共政策排除在外，同时，它也包容一些符合准则的私人交易，而这些私人交易往往与社会的道德价值相冲突。例如卖淫、贩卖儿童、贩卖毒品等，从形式上看，都符合帕累托最优准则，而大众对此都认为不能接受。

帕累托在洛桑的工作让他在整个欧洲都出了名。帕累托对于社会阶层的分析，在故乡意大利产生了很大的影响。法国人也喜欢上他，邀请帕累托前往巴黎，在高等研究学院授课。

帕累托对于自己经济学理论的解释力非常清楚。他深知，绝不能天真地把这些福利原则贯彻到底。而福利经济学所面临的大量悖论，最终不可能在经济学内部得到解决。为了进一步讨论这些问题，他必然会走向社会学和政治学。帕累托敏锐地认识到，社会分层结构的存在是普遍和永恒的。但这并不意味着，社会上层成员和下层成员的社会地位是凝固不变的，两者之间构成一种张力。在这种观察之下，帕累托提出了政治学中的精英理论。1916 年，帕累托分析这些问题的巨著《普通社会学》在佛罗伦萨出版。

1917 年，帕累托到了退休年龄。洛桑大学举办了庆祝他任教二十五周年的纪念大会，帕累托不再授课，但是研究仍在继续。而 1914—1918 年的第一次世界大战也彻底改变了欧洲的面貌，学界的思想也在随之改变。

意大利在第一次世界大战中扮演了悲剧角色，虽是战胜国，但付出极多，得到极少，这也是墨索里尼政权能够上台的最重要背景。1920 年，对意大利抱有极深感情的帕累托将自己在战时写作的一系列文章编辑成《事实与理论》，在佛罗伦萨出版，第二年，帕累托又写了《民主制的变革》，在米兰出版。

1923 年，退休年迈的帕累托被任命为意大利王国参议员。他在年轻时曾想从政，但完全没有机会，而在生命的最后阶段却实现了。帕累托在《等级体制》杂志上发表文章，表示愿意支持意大利的法西斯主义。但是他对当时的法西斯主义还不满意，要求法西斯主义进行改革，更多地支持自由市场。当然帕累托看不到意大利的后续发展了，1923 年 8 月 19 日，帕累托在瑞士塞利涅去世。

我们很难评估帕累托横跨经济学、政治学的复杂思想，但"帕累托最优""帕累托改进"等福利经济学术语，已经成为每个经济学学生都耳熟能详的概念了。

9

施穆勒：
历史主义研究法

施穆勒小传

古斯塔夫·冯·施穆勒（1838—1917），德国著名经济学家，德国历史学派代表人物。施穆勒毕业于图宾根大学，1864年开始辗转在欧洲多所大学任教，1882年任柏林大学教授。此后，施穆勒在柏林大学执教三十年，培养了大批学生，形成了"德国历史学派"。施穆勒差不多在同一时期创办著名经济学年鉴——《施穆勒年鉴》，这本年鉴也成为德国历史学派的主要阵地。1912年，施穆勒退休。1917年，施穆勒去世。

施穆勒著作甚丰，其中最有影响的是晚年力作《一般国民经济学研究》，是德国历史学派的代表性著作。施穆勒还对奥地利学派抱有严厉批评，曾经与门格尔展开"方法论之争"。

1838年，施穆勒生于符腾堡海尔布隆市的一个官吏家庭。他毕业于图宾根大学，1864年开始任教。他先后在哈雷大学、斯特拉斯堡大学任教，1882年转任柏林大学教授。柏林是施穆勒最重要的舞台，他一直在这里教书，直到1912年正式退休。

他在 1873 年发起了一个"社会政策学会"并亲自担任主席。1878 年后，施穆勒主持《国家科学和社会科学研究》丛书的编审，1881 年，施穆勒创办《德意志帝国立法、行政和国民经济学年鉴》，后来这本杂志也被称为《施穆勒年鉴》。

施穆勒早年仍然偏向自由主义思想。在 1870 年出版的《19 世纪德国中小企业发展史：统计调查和国民经济调查》中，他提出保护"中产阶级"，对自耕农和手工业者采取保护和救济，对新的中等阶层和工人阶级采取社会改良政策，这样可以维持资本主义秩序的稳定。他既排斥古典经济学的抽象的逻辑的方法，又反对旧历史学派急于寻求普遍性规律的做法。他提倡国民经济学的道德理念，主张历史的伦理主义的经济学体系。他把自己的方法称为"历史的统计方法"。他强调史料即使不带有思想，仍有一种相对的价值，而思想如不根据史料，则将是一种"妄想"。他认为国民经济学是介乎应用的自然科学和比它更重要的精神科学之间的科学，经济现象既属于自然的技术的关系，又属于伦理的心理的关系，经济结构不外是由这种经济法规和伦理所规定的生活秩序。他把生产、交换、分工、劳动、工资等经济范畴，既看作是经济技术的范畴又看作是伦理心理的范畴。由于施穆勒强调了历史的经济学是以伦理主义为基础，所以新历史学派又被称为"历史的伦理学派"。

1873 年施穆勒在主持成立"社会政策学会"的大会上，公开接受德国曼彻斯特学派讽刺新历史学派的称号"讲坛社会主义"。他反对工会，反对工人罢工，宣扬一种"合法的强权君主制"，赞同俾斯麦（1815—1898）颁布的"反社会党人法"，吹捧俾斯麦。

施穆勒的著作很多，经常被提到的是《一般国民经济学大纲》（1900—1904）。1897 年开始，他担任柏林大学的校长。此外，由于他还主编了德国最重要的经济学刊物《施穆勒年鉴》，对德国经济学也产生了深远的影响，学生众多，其中包括后来对社会学、政治学影响巨大的韦伯、桑巴特等。施穆勒这种影响一直延续到"二战"前后。

施穆勒对于英国古典经济学的批评和罗雪尔一样严厉，"再也没有比老一代英国经济学家的谬误更糟糕的谬误了。这种谬误是：某些简单的、自然的、法律的、经济的制度从来就有并且将永远继续存在下去；文明和财富的一切进步不过是某种个人的进步或技术的进步罢了；一切都不过是一个增加生产或消费的问题，这个问题注定并且能够在同一个法律制度的基础上加以解决。这种植根于经济制度具有稳定性的信念，是老一代经济学家们相信个人及其个人生活的能力是万能的这一天真而又自以为是的信念的产物"。虽然措辞严厉，但是他清楚地认识到了制度的重要性，这点值得我们思考。

而对于现实问题，施穆勒也有非常明确的立场，就是希望劳动阶级能忠实于普鲁士宫廷。他们赞成公有财产扩张，支持目标是再分配的税收政策，支持对城市房地产增殖征税，他们自称为"国家社会主义者"，而外界经常把他们称为"讲坛社会主义者"。而真正左翼的社会主义者如罗莎·卢森堡视他们为敌人，"讲坛社会主义者以其对微小的历史细节的研究，将社会现实的活生生的材料搞得支离破碎，不可能在理论上找出使之有一切伟大的有联系的线索，反而使对资本主义的认识陷入只见树木不见森林的境地"。

我们并不能认为施穆勒和新历史学派就是一个彻底保守复古的、只关心历史而不关心任何经济理论的学派。虽然施穆勒彻底否定古典经济学，否定社会中存在任何普遍的客观的经济规律，但是施穆勒对心理学和道德很感兴趣，强调道德因素在经济生活中的地位和作用。这一点和一百多年前的斯密非常接近。同时，施穆勒也很关注统计调查等实证工作。《施穆勒年鉴》搜集了大量史料，也是希望从中获得更多统计规律。这是罗雪尔就试图开展的工作，到施穆勒这里被进一步强调。当然，当时仍然缺乏足够好的统计数据和统计方法，局限了他们的工作。

1883 年，奥地利学派的门格尔出版了一本名为《经济学与社会学问题》（也叫《经济学方法论探究》）的小册子，挑起了方法论之争。这本书既是门格尔对自己方法论的阐述，也是对当时主流的德国历史学派的批评。施穆勒很快在《施穆勒年鉴》上写了一篇书评，加以反驳，争论由此展开。奥地利学派与历史学派积怨已久，两派的方法论极为不同，奥地利学派主张演绎法，而历史学派只承认归纳法。两派在具体政策上的观点也截然相反，奥地利学派主张自由主义，而历史学派主张国家干预。所谓边际革命在欧洲很多地方都引发热烈反响，但在普鲁士没有任何回音，施穆勒早就准备批评门格尔了。也在这一年，德国哲学家狄尔泰亦出版了一本《社会人文科学引论》。施穆勒认为，这本书才真正奠定社会科学方法论基础。今天，狄尔泰的著作在哲学系仍然被阅读，但在经济系已经基本不为人所知了。

施穆勒在书评里写道："门格尔显然无法理解历史学派的原本起因和必然性，因为他缺少这种器官。历史学派代表了科学认识现实的回归，而不是一系列缺乏现实的抽象迷雾。门格尔没有看到，所有重大的国民经济的现象在时空上都是广泛的，所以正如它对于历史和统计一样，只有集中性的观察才是行得通的。这对门格尔是不可能的，因为他仅仅从单一经济的单数观察出发，总想着交换、价值、货币等，而不想构成国民经济整体骨架的国民经济的器官和机构。"

门格尔准备了一年，以致友人十六封信的形式，结集成为《德国国民经济学中历史主义的谬误》，全面展开对历史学派的批评。门格尔言辞犀利："在政治经济学领域中，德国国民经济学家的历史学派对研究目标以及方法的模糊乃是一种缺陷，它在这个学派一开始的论述中就明白无误地暴露出来，而且在几乎延续了五十年之久的发展过程中没有得到克服。"

施穆勒没有再全面回应门格尔的批评，而是逐渐开始梳理和归纳历史学派的根本方法论。他在后来出版的一系列著作（包括《一般国民经济学大纲》）中强调了对有意义的观察进行抽象的必要性，一定程度上吸收了门格尔的批评。当然历史学派的根基仍然在于归纳法，在于历史材料和制度分析，这点不会有任何动摇。

他们两人虽然不再进行争论，但由此引发的方法论反思，在学界变得热门起来。双方的门人弟子都有很多卷入方法论争论，并由此涉及很多其他问题，对社会学、政治学的发展都有深刻影响。例如 1885 年，马克思已经去世，但他的《资本论》第二卷出版，恩格斯作序。恩格斯在序言里再度挑起价值理论之争，为方法论之争开辟了新战场。又如 1895 年，马克斯·韦伯在弗莱堡大学发表著名的就职演讲"民族国家与经济政策"，阐明自己对经济理论、经济政策及其与政治的关系的看法，强调"经济科学是一门政治科学"，就是对施穆勒方法论的延续。韦伯后来还发表了一系列关于罗雪尔、克尼斯的方法论的论文，是历史学派的重要后续工作。

施穆勒所倡导的历史主义的经济学研究方法，在 19 世纪末 20 世纪初红极一时。但是经济学的发展进程终究站在了英国政治经济学这个立场之上。无论马歇尔、凯恩斯，还是后来美国的萨缪尔森，都主张采用抽象的理论工具来分析经济系统。"二战"之后，德国历史学派后继无人，很少再被经济学家所提起。

但是这绝不意味着历史与经济分道扬镳，历史研究彻底被经济学排挤了出去。与之相反，历史研究以各种形式重返经济学，重新吸引经济学家的目光。尤其是最近二十年，经济学界开始流行实证研究，开始用统计数据来检验过去流行的抽象经济理论。而过去经济史的积累工作，正好为我们提供了大量的历史数据，因此基于历史的经济研究又成为经济学中最热门的话题。

10

马歇尔：
需求与供给的局部均衡理论

马歇尔小传

阿尔弗雷德·马歇尔（1842—1924），英国著名经济学家。马歇尔出身贫寒，1861 年入剑桥大学学习数学，1868 年任剑桥大学道德哲学讲师。经济学是道德哲学的重要分支，马歇尔从此逐渐转向经济学研究，从 1870 年代开始发表经济学论文，并与杰文斯等经济学者相交。1885 年，马歇尔任剑桥大学政治经济学教授。1890 年，马歇尔出版代表作《经济学原理》。马歇尔执教剑桥数十年，极大地推动了经济学在英国大学里的建设。1924 年，马歇尔在剑桥去世。

马歇尔的著作很多，其中最有影响力的是 1890 年出版的《经济学原理》。此书综合"边际革命"的最新研究成果，基本构建了现代微观经济学的面貌，是以后半个世纪中最畅销的经济学教科书。

马歇尔于 1842 年生于伦敦的一个普通工人家庭，他的父亲是孤儿，也从没有很好的工作经历，与马歇尔一起一直生活在伦敦著名的贫民区，周围都是污染严重的工厂作坊。马歇尔从小就十分聪明，他的父亲经过努力把他送入私立学校。马歇尔每天穿过这些工厂去读书，所以对贫困问题有着很深的感触。而马歇尔的哥哥和姐姐都去了印度，家庭的希望都寄托在马歇尔身上。

1861 年，马歇尔克服重重困难，放弃去牛津大学学古典学的机会，进入剑桥大学圣约翰学院学习数学。根据当时人的描述，马歇尔"身材矮小，脸色苍白，衣着褴褛，不擅社交"，并不引人瞩目。但是马歇尔在数学和哲学领域都展露出极高的天赋，竟然在剑桥最后一场竞争极为激烈的数学考试中取得优胜，通过荣誉考试。马歇尔后来获得了在剑桥教书的机会，从此才逐渐摆脱了经济的窘迫。

马歇尔在剑桥遇到了一个重要导师，就是道德哲学家西季威克。西季威克是 19 世纪后期英国最重要的古典功利主义阐释者、伦理学家，也是经济学家。他的《伦理学方法》被认为是自亚里士多德《尼各马可伦理学》之后最重要的伦理学著作，非常权威地总结了功利主义的意义。西季威克一直致力于将伦理学科学化，他的伦理关怀也极大地影响了马歇尔。马歇尔说："我在一家商店的橱窗里发现了一幅小油画，上面画的是一个男人极其憔悴若有所思的面容，他看上去是一个穷人的形象。我花了几个先令把它买了下来，将它挂在我学校宿舍壁炉架的上方。从那时起，我便将它称为我的守护神。我把我的一生都贡献出来，就是为了使所有像他那样的人们都能进入天堂。"

马歇尔从数学和形而上学转向伦理学，再由伦理学转向经济学，这是马歇尔基本的思想路径。他在 19 世纪 60 年代一直自认为是"社会主义者"。他问西季威克如何才能消除阶级之间的隔阂，西季威克回答说，如果你懂政治经济学的话，你就不会问这个问题了。西季威克也开设过政治经济学的课，但在西季威克看来，政治经济学的黄金时期已经过去，当时已没有多大发展空间了。马歇尔则回忆说，他受西季威克批评之后，从此才开始阅读斯密、密尔以及拉萨尔，其中对他影响最大的是密尔的《政治经济学原理》。

在学习政治经济学的同时，马歇尔没有忘记自己的道德哲学基础，所以一直在驳斥政治经济学能引申出符合道义的决定这一论点。马歇尔认为，如果有人声称，政治经济学本身是生活的指南，那么他肯定是在滥用这门科学。我们的研究越来越多地发现，个人的直接物质利益并不与整个社会的利益一致。如果真是这样，我们就必须重新强调责任。马歇尔毫无疑问是个功利主义的重要继承者，但他与杰文斯相反，从没有完全接受边沁的那种激进的功利主义，而是更偏向密尔的关注道德的、具有反思性的功利主义。

在讨论马歇尔的经济学工作之前，我们先介绍一下1875年马歇尔的美国之行。他在美国待了四个月之久，美国之行也对马歇尔产生了重要的影响。他非常喜爱美国，觉得美国的建筑很好，饮料也好，宗教环境也好，在很多方面都已超过英国。他最终得到结论说，十个英国人有九个在加拿大会比在美国更幸福，但对他自己而言，假使要移民，还是应该去美国。他的理由是，当时工业的迅速发展，国际贸易的扩张，传统道德的沦丧，没有人知道它们究竟将会把世界带往何处，而美国取得的进步和发展比其他任何地方都要大，所以他想要目睹未来美国的这一段历史。

在美国时，马歇尔看到"一卷正在慢慢展开的新地图，是一个初具锋芒的新帝国和一个正在产生中的新文明"。所以马歇尔感慨："托克维尔那个年代的许多东西现在都已经面目全非了……许多以前雷打不动的东西，现在都已不复当年的地位。"托克维尔当年看到的主要是美国的淳朴民风，而马歇尔看到工业革命对美国的巨大影响。"一架靠蒸汽推动的电梯，它从早上七点开始到半夜一直在不停地上下穿梭；旅馆大厅里的自动电报机不断吐出一截截写有股票行情的纸条。"马歇尔已经注意到美国的迅速加快的节奏，源源不断的新移民。他开始思考，快速变化中的美国，是否向着现代乌托邦分子所梦想的那种社会状态无限靠近呢？这时候他还没有开始写那本《经济学原理》，但很多思想已开始酝酿。

此外，马歇尔还注意到美国的女性问题。"美国女士都是她们自己的主人……对打理自己的事务拥有绝对的自由……而这种自由在英国男人看来绝对是危险的兆头。"后来，马歇尔大力推动英国的女权主义运动，他的妻子是剑桥最早的一批女学生。1877 年，马歇尔结婚后去布里斯托尔和牛津教书，他的妻子也开始为女学员教书。1879 年，马歇尔早期出版的著作《工业经济学》，是他与妻子合作的。

到了 1884 年，马歇尔回到了剑桥，真正开始他作为经济学家的学术生涯。从一开始，马歇尔就很清晰地把自己定位成英国古典政治经济学的继承者，而非革命者。还有一个非常重要的理由。马歇尔最喜欢的一句格言是"自然界没有飞跃"，这句话是 1890 年《经济学原理》第一版上的格言，后来马歇尔曾把它去掉，但在 1920 年最后一版《经济学原理》中又把它加了回去。马歇尔对这句话非常看重，同时也说明，马歇尔并不认为自己的研究或者经济学的发展，能够出现任何大幅跳跃。马歇尔一直在不自觉地实践这句格言，他把自己的创新之处，都平实地用大家已经习惯的传统术语来表达，这也使得他的《经济学原理》为大多数人接受，成为最畅销的经济学教科书之一。

与瓦尔拉不同，马歇尔确实受过职业数学训练，以数学家和道德哲学家的身份进入经济学研究领域，所以他比其他数理经济学家更为谨慎，对数学在经济学中的可能性更为怀疑，深知滥用数学可能对经济学造成的危害。所以他基本舍弃了"为艺术而艺术"地用数学重构经济学的想法，甚至把不得不使用的图表和公式放在注释和附录中。

马歇尔说："虽然用数学阐明某些既定原因的作用方式，本身也许是完善的，在其定义明确的范围内，也许是极为精确的。但是，企图用一组方程式来理解现实生活中一个复杂问题的全貌，甚至其中一部分，却并不一定有效。因为许多重要事情，尤其是和时间因素相关的那些事情，是不易用数学来表示的。它们必然被全部删去，或是被削减得像装饰艺术上的鸟兽一般。因此，这就产生了一种对待经济力量的错误倾向；因为最容易接受分析方法的那些因素是被极力强调的因素。"这段话，可以帮助我们思考数学在经济学中的应用问题。

但马歇尔本人对于统计问题、现实问题抱有浓厚的兴趣。他在《产业经济学》中说道："本世纪初，英国经济学家们的主要失误在于，他们全都忽视了历史和统计数据。他们将人视为一个所谓的常数，他们也从未费心去研究是否有异变的存在。因此，他们只能将一个更系统化、更频繁的行为机制简单归结为供求关系的作用；但他们最严重的失误却在于他们未能认识到产业习惯和制度的变化是何等之快。"但可惜的是，马歇尔的时代仍然没有太多使用统计学的机会，因为数据严重短缺。马歇尔一直希望能对需求曲线和弹性之类的问题进行经验研究，因为这些曲线都是看不到的，只有经历经验研究，才能有把握地确信它们的存在。

马歇尔经济思想的最主要特征，用他得意门生凯恩斯的话来说，就是"均衡"。凯恩斯说："马歇尔创造了整个哥白尼宇宙，在这个宇宙中，所有经济的因素，通过互相抵消和互相影响，都处于它应处的地位。"用我们习惯的术语来说，马歇尔画出了需求曲线和供给曲线，从而得到了两根曲线的"马歇尔交点"即"均衡"，这也是他整部《经济学原理》的基础。

马歇尔承认，沿着需求曲线移动时，会影响购买者手中的货币数量，从而必然影响货币的边际效用，而且货币的边际效用的变化并非恒定。马歇尔再一次试图用一个简单假设回避这个问题，即沿着需求曲线购买商品所耗费的货币仅仅是消费者全部支出的一小部分，微不足道，这时我们可以认为货币的边际效用是不变的。

还有一个被马歇尔发扬光大的概念是消费者剩余。这个概念之前也有人间接地提到，但马歇尔很准确地用需求曲线把它表达出来，跟我们今天的教科书一样。马歇尔真正关心的是，需求曲线对社会不同阶级的影响。他说，如果货币对两个事件的幸福的衡量相等，在这两个幸福量之间不应该存在非常大的差异。马歇尔对这种基于心理的福利分析非常重视。

　　另一个很值得探讨的问题就是成本。什么是成本？成本是后来芝加哥学派非常强调的概念，尤其强调从错失的机会，即机会成本的角度来认识成本。马歇尔时代，已有不少人是这么思考的。但马歇尔仍然采用一种非常古典的方法来讨论成本，强调真实成本，也强调货币成本。所谓真实成本，是指商品生产过程中，劳动者的努力和储蓄者的节制或等待，即一种商品在售出变现之前劳动者和储蓄者的痛苦心理。货币成本的定义是，引导劳动者和储蓄者进行这些努力所必要的支付。

　　由此进一步引申出一个常被初学者混淆的概念——时间因素。马歇尔把调整供给的时期划分为市场期、短期和长期。现代经济学很难解释短期和长期的区别，我们现在常用重置资本的容易程度来划分。而马歇尔当时的想法，认为短期和长期是与心理成本直接相关的，短期就是可以节制和忍耐的时期，而长期则无法忍耐。奥地利学派尤其是庞巴维克在探讨时间这个变量时，充分借鉴了马歇尔的论述，而这也成为庞巴维克批评马克思最有力的工具。

　　同时我们还要讨论马歇尔很喜欢的另一对概念：内部经济和外部经济。简单地说，内部经济就是企业通过自己的努力，比如从提高专业化程度，或者从扩大运营规模或者改善企业的经营管理中对企业带来的好处。内部经济是企业自己实现的。而从更宏观的角度看，更大的产业发生变革，对企业带来的好处，就称为外部经济。比如说，报纸发明促进信息传播，铁路发明促进劳动力流动，使得企业更容易获得熟练的劳动力，也更容易购买专业化的机器或者寻找合作伙伴，这些都属于外部经济。马歇尔认识到外部经济非常重要，这是一种持久性的创新，它会在经济发展中逐步发挥出作用。当然罗宾斯后来指出，马歇尔所说的外部经济并不准确，因为一种最重要的进步形式——分工，同时在外部经济和内部经济中起作用，汽车产业的发展就是明证。

但不管怎样，所有这些分析概念，短期和长期的两分，内部经济和外部经济的两分，一方面充分体现出马歇尔身上的古典政治经济学的气质，继承的是李嘉图和密尔的分析方法；另一方面也体现出英国经验主义的分析方法，即并不野心勃勃地追求统一的、宏大的理论，而是希望在某些局部建立起有效、可靠、可供检验的经验性知识。

马歇尔正式创立了新古典经济学这门学问，之前各个门派的纷纷扰扰，万法归一，到马歇尔这里终于合成了一股。直到今天，我们在讨论经济学的时候，仍是指向新古典经济学，仍是要读马歇尔。

11

庇古：
福利经济学与分配理论

庇古小传

阿瑟·塞西尔·庇古（1877—1959），英国著名经济学家，剑桥学派的代表人物之一。庇古在青年时代进入剑桥大学学习历史学，但遇到马歇尔之后，庇古的兴趣完全转向了经济学。1901年起，庇古就开始在剑桥讲授经济学。1908年，庇古接替马歇尔的职位，成为剑桥大学政治经济学教授。他经历了两次世界大战，一直执教到1943年退休。退休后，庇古仍有很多研究，直到1959年去世。

庇古是马歇尔的忠实信徒，他发展了马歇尔的经济学思想，培养学生，形成了"剑桥学派"。庇古最有名的著作是1920年出版的《福利经济学》。庇古在书中提出了"庇古税"的思想。

庇古是个在经济学思想史上有点悲剧色彩的人物。他被公认为是马歇尔的继承者，同时又是凯恩斯的老师，新古典经济学承上启下的一代宗师。但是他的名声完全被马歇尔和凯恩斯这两位大师所掩盖。今天的经济系学生一般只记得以他名字命名的庇古税，这实在是一件很可惜的事情。

庇古出生在英国一个军人家庭，而且是这个家庭的长子。青年时代，他就进入剑桥大学学习，最初学的专业是历史。就在剑桥，庇古偶然遇到了当时英国最优秀的经济学家马歇尔。马歇尔也是最早倡导在剑桥大学设立经济学专业的教师。马歇尔倡导"研究经济学的主要目的是要能够看穿政客们虚假的经济言辞"。这种务实的态度一下子吸引了庇古，于是他从历史学转向经济学，成为马歇尔的学生。

在众人眼里，庇古毫无疑问是剑桥经济学派领袖马歇尔的继承人。马歇尔准备退休的时候，庇古已经在伦敦大学任教了。马歇尔把庇古召回剑桥，继承自己的职位。听到马歇尔的召唤，庇古立即返回剑桥。当时庇古只有 31 岁，成了剑桥历史上担任这个职务最年轻的学者。

庇古在这个位置上工作长达 35 年，跨越了两次世界大战，一直干到 1943 年退休，先后影响了好几代的剑桥学子。退休之后，庇古仍留剑桥大学从事著述研究工作，直到晚年。此外，庇古还担任英国皇家科学院院士、国际经济学会名誉会长、英国通货外汇委员会委员和所得税委员会委员等职。

庇古留下来的著作很多，其中比较著名的有《财富与福利》（1912）、《福利经济学》（1920）、《产业波动》（1926）、《失业论》（1933）、《社会主义和资本主义的比较》（1938）、《就业与均衡》（1941）等。这些著作中，最重要的作品是他早年的工作，《财富与福利》以及《福利经济学》。

庇古的第一部专著《财富与福利》与关税有关。在研究关税的过程中，庇古认为先要探索一种方法，用于评估政府政策如何增进国民福利。1912 年，庇古就提出了这个问题，然后一辈子都在尝试着回答这个问题。

庇古首先想到的就是马歇尔所发明的"外部性"概念，这个概念最早也是由马歇尔提出。1890 年，马歇尔在《经济学原理》中将企业生产规模扩大的原因概括为两类：一类是该企业所在产业的普遍发展，另一类是单个企业自身资源组织和管理效率的提高。马歇尔将前一类称为"外部经济"，将后一类称为"内部经济"。马歇尔认为，前一类企业自身的发展对于整个产业都有利，而后一类企业的发展与整个产业无关，所以前者无疑是更有价值，对于社会更为有利的。

庇古意识到，"外部性"是一个很适合用于分析社会福利的概念，而且外部性既有可能是正面的，也有可能是负面的。1920 年，庇古出版了代表作《福利经济学》。他也在书中提出了"外部不经济"的概念。他在"社会净边际产品与私人净边际产品的背离"一章中对外部性做了详细讨论，区分了社会净边际产出与私人净边际产出、私人边际成本和社会边际成本等一系列概念。这些概念都根植于马歇尔的边际分析理论。有了这些概念和分析方法，庇古正式建立了福利经济学理论。

庇古将外部经济与社会福利增进问题联系在一起。他发现，私人净边际产出与社会净边际产出往往并不一致。厂商都是自私自利的，只关心私人净边际产出，而并不关心社会净边际产出。例如厂商知道向河流中排放污水会对公共环境造成极大的影响，但是这个代价最终会共同落在所有人头上，并不需要厂商独自承担，因此厂商仍然会偷偷排放污水。这种行为无法杜绝，必须通过国家、政府进行必要的干预，通过税收、财政补贴或立法等手段，纠正市场配置资源的失效，实现私人净边际产出与社会净边际产出的一致。

用今天的经济学术语表达就是，当存在负外部性时，私人边际成本与社会边际成本不相等，相差的外部边际成本不由私人部门承担，那么私人最优产量会大于社会最优产量，从而造成资源浪费。在市场经济条件下，私人部门不会自发地减少产量或进行污染治理，因此庇古提出政府可以通过税收的形式进行限制，迫使私人部门实现外部成本内部化。对私人部门污染征收等于污染所造成的边际社会损害的税收即为庇古税。

当存在正外部效应时，私人边际收益小于社会边际收益，从社会角度看会导致产品供给不足。此时政府可以对私人部门进行奖励和补贴，补贴的额度应等于外部边际收益。庇古税首次用现代经济学方法有效解决了外部性问题。基础设施建设领域的"谁受益、谁投资"政策，环境保护领域的"谁污染、谁治理"政策，都是庇古税的具体应用。

庇古还进一步分析了纯粹竞争、垄断竞争和双边垄断三种市场类型中的外部性，对这三种市场结构中外部性产生的原因和影响进行了探讨，并且根据不同市场类型、不同的外部性影响给出了相应解决方案。最主要的解决方案是税收手段，这种税收后来也被称作"庇古税"。

庇古发现，租地的农场主没有任何动力去花钱改良土地，只想着尽量利用土地的生产力。因为按照英国习惯法，改良土地所产出的收益最终会成为地主的财产，而租地的农场主没法把这种收益带走。同样地，真正投资于森林的人，其实为气候改善、防止土地流失等做出巨大的贡献，但他们的投入也没有真正得到补偿。

此外，庇古还注意到很多新兴的现象，如厂商的经营可能对其他人产生负面的影响，而厂商却不需要承担成本。庇古将这种情况称为"负外部性"。他在《福利经济学》里探讨了，铁路公司的经营可能给居住在铁路周围的居民带来成本。这些居民本来生活得好好的，铁路开通以后，他们会一直受到煤灰以及噪音的困扰。而铁路公司所赚取的收入，他们完全分不到。又比如，新开张的酒吧会吸引更多的顾客，但这些顾客可能惹出很多事情，从而需要警察投入更多的劳动。假如没有这些酒吧，警察也不必那么辛苦地工作。而警察又不能从酒吧的经营中获得什么好处。

所以庇古从这个角度切入分析经济福利。庇古将可以用货币计量的经济福利分为个人经济福利和社会经济福利，其中个人经济福利用效用来表示，社会经济福利由个人效用加总而成。庇古提出了福利经济学的两个根本性命题。第一个命题是：国民收入是一国国民的福利总和，国民收入总量越大，社会经济福利越大。根据边际效用递减规律，同等货币或财富对富人的边际效用小于对穷人的边际效用。如果把富人的一部分收入以福利的形式转移给穷人，则社会总效用会增加。福利经济学还包含第二个重要命题：社会财富越平均，社会总福利就越大。这样一来，庇古就把新古典经济学的边际效用论和古典政治经济学的国民财富研究紧密结合起来，庇古认为福利和经济利益是同等性质的，都是社会应当追求的目标。经济福利有一个"客观的配对物"，那就是国民所得。庇古并没有想到计算国民所得，但是他很清楚这种计算结果的存在，这个思想后来也被凯恩斯的宏观经济理论所继承。

在庇古那里，福利的概念其实是综合性的，包含了很多种的可能，比国民所得更值得追求。庇古希望把马歇尔的分析方法向着宏观经济学的方向引导，探讨总体资源配置的效率，最终引入福利的概念。所以庇古即使没有系统性提出宏观经济学的分析方法，但他也已经有了这种意识。他的学生凯恩斯后来归纳出的观点虽然与庇古完全相反，但两人的思想方法却有共通之处，都是剑桥经济学的嫡传。

庇古为社会福利明确地提出三个评判标准，分别是国民收入的规模、国民收入的分配和国民收入稳定性。他认为福利就是可比较并且能与货币尺度相联系的一种心理状态，它在客观上对应于国民收入。国民收入某种类型的变化，就对应于福利的变化。

具体而言，经济福利会随着国民收入的增加而增加，也会随着国民收入更广泛地分散以及随着国民收入更大的稳定性而得到提高。一个国家不仅应该追求国民收入的增加，还应该追求国民收入的公平分配和稳定。在今天的宏观经济学研究中，福利衡量仍然是一件很困难的事情，庇古给出的这三个维度很值得我们思考。

庇古认为，国民收入的分配和稳定性也会影响福利，正是因为它们具有非常显著的外部性。每个人既关注个人的收入水平，也会关注总体收入分配和国民收入的稳定性。为了消除分配不公这些负外部性对于总体经济的影响，政府需要适当地介入，所以庇古最终的立场倾向于左翼社会主义或者费边社。

庇古的这些分析都极为精彩，但注意到的人不多。庇古的学生凯恩斯在 1936 年出版《通论》，挑战马歇尔的新古典经济学，开创了宏观经济学这个分支。作为马歇尔理论最忠实的捍卫者，庇古对于凯恩斯的研究十分恼火，提出了严厉的批评。但是凯恩斯主义获得越来越多的人支持，庇古的思想不够新，最终被后来的经济学者所抛弃。

后来芝加哥大学的科斯可算是一个例外。科斯熟读马歇尔和庇古的著作，他的科斯定理很大程度上继承了庇古的分析方法，也间接继承了马歇尔的研究方法。他是后来经济学家中极少数意识到庇古方法独特性的学者，而他所提出的"科斯定理"也正是对于庇古的负外部性理论的一种发展和补充。

很多人认为，庇古只是马歇尔与凯恩斯之间的一位承上启下的学者。这种判断不能算错，但可能低估了庇古的价值。今天，福利经济学在经济学研究中又有复兴的趋势，而庇古的著作也正在被越来越多的学者重新拾起。

12

维克塞尔：
利息理论

维克塞尔小传

克努特·维克塞尔（1851—1926），瑞典著名经济学家，瑞典学派的创始人。维克塞尔年轻时兴趣广泛，曾四处求学。他非常关心社会问题，所以后来兴趣逐渐转向经济学。他曾听过新古典经济学派、奥地利学派、德国历史学派等不同流派大师的课程，逐渐形成自己的思想。1901 年，维克塞尔成为瑞典隆德大学的编外教授，一直工作到 1916 年退休。

维克塞尔在价值理论、财政理论、货币理论等多方面都有非常重要的研究成果，对奥地利学派和剑桥学派的很多学者也产生了深远影响。维克塞尔在价值理论方面的代表作是 1893 年的《价值、资本和租金》；在财政理论上的代表作是 1896 年的《财政理论研究》；在货币理论方面的代表作是 1898 年的《利息与价格》。

1851 年，维克塞尔出生于北欧的斯德哥尔摩。年轻时的维克塞尔对经济学并没有特殊的兴趣，只打算成为一名数学家或者物理学家。1876 年，他获得乌普萨拉大学的数学硕士学位，并在大学任教。维克塞尔兴趣广泛，在接触到德莱斯代尔的《社会科学的构成》及密尔的一些著作以后，他的思想才转到所谓的"社会问题"上。

北欧并没有比较正统的经济学教育。为了学习经济学，维克塞尔四处游历。尤其是 1885 年以后，他先后游历了英、德、法、奥诸国。在此期间，他到斯特拉斯堡大学去旁听布伦塔诺讲授的劳动经济学，克纳普讲授的货币和信贷，以及辛格的经济分配课。这些都是欧洲的经济学名家，维克塞尔从中获得了基本的经济学训练，但都不够令人信服。

维克塞尔感到不满足，于是继续前往维也纳去听卡尔·门格尔的课，再到柏林大学听阿道夫·瓦格纳的公共财政学。后来，维克塞尔表示，自己最难忘的经历是 1888 年在柏林的一家书店里发现了庞巴维克讨论资本理论的著作，这本著作当时刚出版不久。事实上，他后来的研究方法中，可以清晰地看到这些前辈学者对他的影响。这些经历为他将来的学术发展奠定了基础。

1893 年，维克塞尔的第一部著作《价值、资本和租金》问世。在这部倍受庞巴维克和瓦尔拉称道的著作中，维克塞尔完成了一个伟大的综合。他把杰文斯、门格尔和马歇尔的边际效用价值论、边际生产力理论应用于庞巴维克的资本分析，并把这种结果融合到瓦尔拉的比较静态一般均衡框架中，从而成为边际生产力分配理论的奠基人之一。

1895 年，44 岁的维克塞尔终于获得经济学博士学位，随后又回到他的母校乌普萨拉大学任教。1900 年，维克塞尔成为隆德大学的副教授，1903 年升至教授。

在《利息与价格》中，他首次提出被称作维克塞尔主义的"累积过程理论"。这一理论对英国流行多年的萨伊货币面纱论提出质疑。萨伊认为，我们必须要把真实经济与货币两分，货币与真实经济、价值理论无关。比如今天，1 美元的价值很高，1 日元的价值很低，但这并不是决定两国经济水平的重要因素。货币价值高低只是一个符号，如同遮掩在实体经济上的一层面纱而已。

而维克塞尔第一次打破传统的两分法，掀开这一层货币面纱，将货币理论与价值理论结合起来，指出货币对经济过程的实质性影响。在维克塞尔看来，我们不能将货币看作与真实经济无涉的面纱，货币数量的变动确实有可能对实体经济产生影响。维克塞尔的看法在当时实属离经叛道，后来却成为凯恩斯主义经济学的直接思想渊源。今天，绝大多数经济学家都已转而接受维克塞尔的看法。

具体而言，维克塞尔把利息率区分为两种，一种是货币利息率，即金融市场上实际存在的利息率，而另一种为自然利息率。自然利息率之所以存在，主要有三点理由：第一，自然利息率是相当于实物资本生产率的利率；第二，自然利息率是借贷资本供求（即储蓄等于投资）相一致时所形成的利率；第三，自然利息率是使货币保持中立、商品一般价格水平保持稳定的利息率。

维克塞尔认为，我们还应该追求货币均衡，即货币利息率和自然利息率相一致的情况。那么货币均衡在三个条件下可以达到：第一，货币利息率等于自然利息率；第二，资本的需求等于资本的供给；第三，维持一个稳定的价格，主要是消费品的价格水平。

维克塞尔对资本市场的分析中，投资和储蓄并不是每时每刻都是相等的，二者并不能等同起来。只有投资等于储蓄时，价格体系才处于货币均衡状态，否则价格体系就会发生上升或者下降的运动。

我们可以从两种不同的情况来考虑。当利息率高于自然利息率时，从企业家角度看，企业家不但得不到超额利润，而且还会遭受损失。企业家为了避免损失，就会减少投资，缩小生产规模。于是企业对劳动力、土地的需求都会减少，从而导致工资和地租下降，收入减少，消费减少，商品价格下降，经济活动收缩；另一方面，由于资本市场的利率较高，这会导致人们增加储蓄，相对于依靠资本借贷取得利息收入，储蓄的收入更加可观。这就导致投资小于储蓄，经济活动收缩。经济活动的收缩要一直持续到资本供给过度，对资本的需求过少而导致货币利息率下降；或者，一直持续到因工资和租金下跌而使资本预期收益上升，企业家愿意增加投资，从而使自然利息率上升到使投资和储蓄相适应的新水平，最终货币利息率和自然利息率相等。

而当利息率低于自然利息率时，从企业家角度看，企业家将会增加投资，扩大生产规模。这一生产过程的扩大必然伴随着对劳动力和土地需求的增加，从而导致工资和地租增加，收入增加，消费增加，商品价格上升，经济活动扩张。同时利息率较低，人们的储蓄愿望较低，储蓄减少。储蓄小于投资的经济扩张时期持续到因资本供给过少，对资本需求过大而使货币利息率上升，或者要一直持续到因工资和租金上升而使得资本预期收益下降，最终使得货币利息率与自然利息率相一致。

维克塞尔就是通过利用两种利息率的不一致来解释经济周期的波动，来说明经济收缩和扩张过程，说明物价的上涨和下降。因此，维克塞尔的货币理论与传统货币数量论是不同的。货币数量论认为货币是完全中性的，实体经济中的任何实际变量的决定与货币无关，货币数量的多少仅仅引起物价水平的同比例变动。维克塞尔的观点则是，在货币利息率与自然率一致时，货币是中性的，货币不影响物价，而货币利息率与自然利息率不一致时，货币并非中性，它对物价有影响。

维克塞尔众多的理论成果中还有一项是财政和税收的自愿交换理论。1896年，维克塞尔发表了专题论文《财政理论研究》。该论文内容比较庞杂，重点是将边际效用理论应用于公共部门，进行公平税制的设计；同时提供一种边际成本定价方法，应用于纯粹的和不完全纯粹的公共物品、公用事业服务、寡头产品或卡特尔产品。维克塞尔以此开创了一套公共品理论。后来有很多人延续了他的框架，包括林达尔、马斯格雷夫、萨缪尔森、维克里等。

在处理公共物品上，维克塞尔还提供了一种新的方法论。他没有简单沿用流行的成本收益分析方法讨论公共物品的供求，而是采用了一致同意的方法。后来，布坎南宣称，自己在这一点上深受维克塞尔的启发。布坎南运用这套工具开创了所谓的公共选择学派，并且获得了诺贝尔经济学奖。从这个角度看，公共选择学派与维克塞尔之间也存在一些内在的联系。

以今天的眼光来看，维克塞尔的这几项研究都足以使他跨入一流经济学家的行列。但当时的瑞典还不能完全理解维克塞尔学说的重大意义。维克塞尔在找工作时颇费周折，屡屡受挫。他想要争取隆德大学一个编外教授的职位，就不得不和包括著名经济学家卡塞尔在内的另三位对手竞争。幸亏维克塞尔还有一个法学学位，更符合教学要求，才能如愿以偿。维克塞尔后来就长期执教于隆德大学，直到退休。

在隆德大学期间，维克塞尔分别于 1901 年和 1906 年出版了《国民经济学讲义》第一卷和第二卷。这本书对他以前的学术思想作了一个总结，彻底将庞巴维克的边际效用和瓦尔拉的一般均衡理论糅合起来，构成一个完整的体系。维克塞尔的这部著作堪与马歇尔的《经济学原理》相媲美，但因为他身处北欧，始终没有得到应有的肯定。

维克塞尔还致力于货币理论与政策的研究。维克塞尔认为，价格水平上涨过快对于那些固定收入者和劳动者不利，因为他们实际生活水平下降了，造成收入分配不均的加剧。同时，价格水平上涨过猛会引起信用混乱和危机。另一方面，价格水平持续下跌带来的危害也很大，它必然导致企业生产缩减，失业增加，工人生活状况恶化。然而，要使价格水平保持稳定，就必须弄清楚价格水平变动的原因。

维克塞尔将利率规则描述为，只要价格保持不变，中央银行的利率就应该保持不变。如果价格上升，利率就要上升；如果价格下降，利率就要下降；然后利率就应该在新的水平上直到价格的进一步变动要求其在相应的方向上做出变动。这是简单的维克塞尔规则，简易而深刻。

后来，出现了凯恩斯主义，又出现了反对凯恩斯主义的各种自由主义货币理论。货币是最古老的经济现象，而货币理论自凯恩斯创立宏观经济学以来，始终是宏观经济学的核心议题。对货币现象的研究手段越来越丰富，但是背后的货币思想并没有多大的发展。有些学者尝试着回头看，从凯恩斯或者更早的学者的研究中获得启发，这样就必然遭遇到维克塞尔。

伍德福德等人对维克塞尔的货币理论进行了发展，建立起了所谓的新维克塞尔货币理论。其目的主要有两点。一是为维克塞尔主义的相关货币经济理论建立起计量模型，并提供微观基础，从而避免遭到"卢卡斯批判"；二是以建立起来的新维克塞尔理论框架，分析如何得到最优的利率货币政策规则，从而为中央银行货币政策操作的系统性方法提供根基。所以，维克塞尔当年的思考，今天以另一种形态活跃在经济学研究中。

此外，维克塞尔从年轻时候起就对各类社会问题有着浓厚的兴趣，积极发表看法。他曾就社会主义、卖淫、宗教信仰等内容作过专题演讲。1905 年，已经是隆德大学教授的维克塞尔因发表一场激进的"王座、祭坛、宝剑与财货"的讲座，涉及对教会的激烈批判，而遭到两个月的监禁。1916 年维克塞尔从隆德大学退休，安享晚年。

熊彼特曾感叹说："还没有掌握维克塞尔《国民经济学讲义》第一卷全部理论的人，就不能说已经完成了经济系学生应受的训练。"在熊彼特看来，维克塞尔就是"斯堪的纳维亚的马歇尔"，这应该是一个相当公允的评价。

13

费雪：
现代货币理论

费雪小传

欧文·费雪（1867—1947），美国著名经济学家。费雪从小热爱数学，但也关心社会问题，从而选择数理经济学作为研究的对象。1891年，费雪获得了耶鲁的经济学博士学位。从此，他开始在耶鲁执教，1898年获得耶鲁的政治经济学教授职位。费雪非常高产，从1890年代一直到1930年代都有重要的研究发表。费雪的声誉在1920年代达到顶峰，但美国大萧条的爆发极大地损害了费雪的声誉。1935年，费雪退休，1947年去世。

费雪的研究集中在资本理论、货币理论等方面，很多当代经济学术语都以他的名字命名，如费雪方程、费雪效应等。他较有影响的著作是1930年出版的《利息理论》。

美国的经济学在19世纪中期的内战之后逐渐发展起来。它不再是简单地将道德哲学、政治经济学、文学及基督教思想结合起来的产物，而开始逐渐提出自己的研究问题。美国经济思想发展中一个重要特征就是对数据以及图表的重视。甚至在纽康伯之前，凯里就大量使用了图表。从纽康伯到克拉克，再到费雪，大多数进入经济学领域的学者都有一定的数学背景，也都热衷于运用数理的方法。

费雪曾经在他1892年的博士论文里引用了一段话："根本上期望政治经济学从这种确定性和精确性中产出结果，能够为立法者提供数学上的预测……这并不是没有希望的。"第二次世界大战以后，美国的数理经济学逐渐成为全世界经济学的主流研究方法，而这种方法早在数十年前就已经萌芽和孕育了。

美国也面临着类似的问题。1885年，美国经济协会成立，各个大学开始引入一些经济学教育者，虽然他们自己也非经济学专业出身。其中比较有影响的有沃克尔与克拉克。沃克尔是麻省理工学院的校长，也是第一任美国经济协会会长。他撰写了大量著作，涉及工资、地租、货币等方面。另一位经济学名家克拉克曾是牧师，所以他的研究具有福音主义的情感特点。无论沃克尔还是克拉克，都具有强烈的数学倾向，克拉克在《经济理论原理》中已经开始尝试动态分析。

欧文·费雪（Irving Fisher），1867年出生于纽约州的少格拉斯。费雪在1890年开始在耶鲁大学求学，主要攻读数学，并于1898年获哲学博士学位。费雪在获得博士学位后，并没有继续从事数学研究，而是转向担任经济学教授，从1898年一直工作到1935年退休，出版了数十本著作。1947年4月，费雪卒于纽约市。值得一提的是，1929年，费雪与熊彼特、丁伯根等人共同发起成立了计量经济学会，这是除了美国经济协会以外另一个重要的协会，直至今天仍有重要影响。1931

至 1933 年，费雪就担任该学会会长。

总结起来，费雪的研究工作从 1890 年代开始，直到 1930 年代，持续了 40 多年，每隔几年就有重要著作问世。费雪一生中的重要著作包括《价值和价格理论的数理研究》（1892）、《价格和利息》（1896）、《资本和收入的性质》（1906）、《利息率》（1907）、《货币的购买力》（1911）、《经济学基本原理》（1912）、《稳定美元》（1920）、《指数的制定》（1922）、《货币幻觉》（1928）、《利息理论》（1930）、《繁荣和萧条》（1932）、《通货膨胀》（1933）、《100% 的货币》（1935）和《稳定货币运动史》（1935）。

费雪在耶鲁求学时，耶鲁并不能给他提供系统的经济学训练。他在耶鲁期间，也并未加入美国经济协会。所以在初始的一些年里，费雪对于经济学的最新进展所知有限。他的研究仍然从杰文斯等人所提出的基本问题出发，探讨价值与价格的问题，即均衡理论。费雪只阅读过杰文斯的著作，并未阅读过瓦尔拉或者埃奇沃思的著作。但是他对杰文斯交换方程加以拓展，提出了一般均衡的四套方程式。杰文斯的研究只是两个人、两种商品之间的交换所导致的均衡。而费雪的方程式则推广到 n 个人、m 种商品所导致的均衡。从某种意义上说，费雪再一次独立发现了瓦尔拉的一般均衡理论和埃奇沃思的无差异曲线。虽然这些概念的功劳最终不能归于费雪，但是费雪的工作表明，只要顺着杰文斯开创的这条道路前进，所有这些理论工具早晚都会被发明。

虽然费雪体系与瓦尔拉体系很接近，但两者也有非常明显的差别。费雪体系与瓦尔拉体系的最大差别是他明确把各人的收入水平、各种商品的总量、各人对于商品的边际效用函数三者并列作为决定均衡价格的变量。但瓦尔拉只承认商品总量以及各人对于商品边际效用函数这两个因素。瓦尔拉并不认为各人收入水平对于价格具有决定性影响。

费雪的体系与瓦尔拉一般均衡体系相比，有利有弊。优点在于，费雪的均衡体系能更有效地研究收入水平（即收入分配）对于价格的影响。而缺点在于，他必须由此而测量边际效用的数量。这种思想与埃奇沃思的研究思路比较接近。而瓦尔拉以及他的继承者帕累托，都主张采用序数效用理论，绕过测量边际效用这个心理学上的难题。

随着费雪研究的进一步深入，他开始触及资本以及利息问题。费雪并未放弃他对于个人收入的研究，而是更深入地把个人收入分成三种形态，分别是享用收入、实际收入和货币收入。享用收入是由获得满足的感觉或者体验构成。实际收入是由带来满足的所有商品和服务构成，可以用生活费用来衡量。而货币收入是指个人用来支付生活费用所得到的货币。这样一来，就可以更准确地测量收入，并探讨收入和资本存量之间的关系。甚至后来费雪在写作《利息理论》的时候，也要从收入开始讨论。费雪认为，"收入是一系列的事件"，收入可以作为我们认识经济运行的基础出发点。

费雪在《资本和收入的性质》中非常深入地分析了资本和收入之间的关系。费雪提出，"资本产生收入"在实物意义上正确，在价值意义上不正确。因为收入之价值产生了资本之价值，所以资本的价值应该理解为未来收入的贴现值。根据这种思路，费雪大胆地提出，一切能带来收入的东西都是资本，都应该视为资本。这些东西的价值就取决于它能带来的收入流的资本化。所以，利率就成为资本和收入之间的中介，资本的价值与利率反方向运动。

费雪认为，资本就其价值而言，就是将来收入的贴现，或者将来收入的资本化。所以费雪倾向于对资本进行最宽泛、最广义的理解，一切可以带来收入的东西都可以称为资本。这些东西的价值就根据它所带来的收入流量的资本来进行计算。如此一来，费雪找到了联系收入与资本之间的桥梁，那就是利率。

关于利率的讨论，费雪通过时间偏好和投资机会来分析利息，认为利息产生于即时物品与将来物品交换的贴水，也就是由社会公众对物品的时间偏好和投资机会共同决定的。费雪表示，"利率决定于不耐与投资机会。任何增加或减少我们对于目前收入的不耐的原因，都倾向于提高或降低利率。任何扩大我们投资的机会，使得投资所得收获大于现有收获率，它就倾向于提高利率。反之，由于任何原因，投资机会只能提供少于现有投资收获的收获，利率就倾向于下跌"。

总体来看，费雪坚持认为资本的价值总是与利率反方向运动，而与储蓄同方向运动。利率就是某一个时期的货币所支付的贴现值的百分率。这一贴现值是用一年后的货币数量来表示的。所以利率起作用的关键，就是它把市场上不同时点上的价值联系起来。无论哪一种商品或者服务，只要它的作用是跨时间的，它的价值就会受到利率的影响。只要有时间的因素存在，便有利率的问题存在。从这个角度观察，利率其实是整个价格结构中最为普遍的价格。

费雪对于时间的看法，与奥地利学派有高度相通之处。而费雪认为他的理论，是对瓦尔拉和帕累托一般均衡理论的补充。瓦尔拉一般均衡理论解决了同一时间、同一地区的价格决定机制，但是瓦尔拉一般均衡无法解决另一类机制，即不同时间、同一地区货物之间的交换价格如何决定。瓦尔拉的理论体系是静态的，而现实永远是动态的。为了解决这个问题，拓展瓦尔拉的一般均衡理论，费雪才觉得自己有必要提出利息理论，并深入展开讨论。

边际革命以来，利息逐渐成为经济学家关心的问题。但讨论利息时，一直存在两派不同的进路。一派忽略时间，如瓦尔拉、克拉克等，另一派则高度重视时间，如庞巴维克和费雪。但是庞巴维克和费雪与后来的凯恩斯及凯恩斯主义者不同，凯恩斯及凯恩斯主义者强调时间与不确定性的关系，而费雪只是在确定性条件下研究时间。

费雪在 1911 年出版的《货币的购买力》中明确地讨论了货币交换的方程式 $MV=PT$[①]，这个方程式后来也被称为费雪方程式。费雪认为，"在交换方程式中，价格水平在正常情况下是一种绝对被动的元素"。而且费雪更进一步地指出，几乎所有价格水平发生较大波动的情况下，只有 M 会变动足够大，可以看作解释变量，而 V 和 T 都不能作为解释变量。P 在正常

---

① 　M 代表货币数量，V 代表货币流通速度，P 代表价格，T 代表贸易量。

情况下是被动的被解释变量，M 在正常情况下是最主要的"主动"变量。这并不是一个理论问题，而是统计学上的事实。

在费雪的论述中，尤其值得我们注意的是，费雪把货币数量看作"主动"变量，而把价格看作"被动"变量，这也反映了费雪对于货币市场的认识，主要是从货币供给这一方来审视的，而相对忽视货币的需求。而以马歇尔为代表的剑桥学派，对于货币数量论的切入视角正好与之相反。剑桥经济学者一般将货币数量方程式写作 $M=kY$[①]，这个方程式又被称为剑桥方程式。与费雪方程式相比，剑桥方程式绝非仅仅将货币流通速度移至方程右边。剑桥方程式更看重货币需求，即尝试从个人需求或者主观需求这一面来分析货币数量，而不同于费雪从货币供给这一面来分析。费雪方程式与剑桥方程式的区分，本质上是供给侧与需求侧或者客观主义与主观主义这两种不同方法论的区分。

在这些研究过程中，费雪还有余力推动其他一些相关的工作。1922 年，费雪出版了《指数的制定》，这本书对以后物价指数的编制影响很大。在过去的研究中，通货膨胀率是个较难计算的对象。当时并没有消费物价指数或者类似一篮子商品的概念，真要计算通货膨胀率的话，一般就根据价格变动之前人们购买商品数量来计算价格变动之后的价格。这种计算方法中暗含了一个假设，即人们不会因为价格变化而改变购买商品的数量，这当然与实际情况不符，导致计算结果偏误。费雪

---

① M 代表货币数量，Y 代表名义收入，k 则代表人们持有的现金量占名义收入的比率。

当时就意识到，如果按照价格变化前人们购买商品数量来测算通货膨胀率，这将高估人们购买商品数量，从而导致低估通货膨胀率，也会低估通货膨胀的危害。费雪提出一个新方法，采用价格变动之前与之后购买商品数量的平均值来估算通货膨胀率。这种计算方法可以有效地减少低估偏差，是一个重要的进步。

同时，费雪还发明了一个可显示卡片指数系统，并取得专利，从而创办了一个可显示指数公司。这个公司获利颇丰，给费雪带来大量的财富。后来，该公司与竞争对手合并，成为斯佩里·兰德公司。

费雪在 20 世纪 20 年代保持了一种非常乐观的心态。在美国大萧条爆发之前，费雪的绝大多数通讯都通过电话进行，甚至他的写作也都借助于录音机的帮助。费雪很忙，所以有的时候他就直接口述给打字员，由打字员写下他的想法。费雪要抓紧时间写作与赚钱，并坚信自己的工作正在不断改善美国人乃至全世界人民的生活水平。

他指出："这个世界正在逐渐意识到，其实它仍拥有巨大的提升空间。政治经济学不再是一门令人沮丧的科学，它不再大肆炫耀马尔萨斯所谓的人口增长必将导致工资下降到难以糊口水平的论调。它正严肃地看待铲除贫困的问题，并对前景满怀希望。与此相对应的是，生物学中最新兴的学科，卫生学，已经对以往陈旧的思想进行了有力的鞭笞。那些思想认为死生有命，人类必须按照目前的速度年复一年无法避免地牺牲同样数量的人口。与这些充满宿命的思想不同的是，如今我们已经从巴斯德那里得到了保证，人类完全可以凭自己的能力根除所有与寄生虫相关的疾病。"所以，对人口问题极为乐观的费雪也成为了美国优生协会的创始人和首任主席。

但是，费雪的研究工作与个人生活都在1929年爆发的美国大萧条中遭受到巨大的打击。费雪本人的公司在大萧条中失败，个人破产，甚至几乎沦落到无家可归。耶鲁大学出于保护他的善意，帮助他解决了住房问题。费雪本人坚信不疑的货币理论无法有效预测大萧条，也无法提出有效的解决方案，从而遭到学界和民众的嘲笑。但费雪不顾嘲笑，仍然在1930年出版了《利息理论》。这本书后来也被视作他用力最多的代表作。1932年，费雪出版了《繁荣和萧条》；1933年，他又出版了《通货膨胀》；1935年，他出版了《100%的货币》。

费雪一辈子都在研究通货膨胀和通货紧缩。他认为所有这些所谓"疗法"都是"原始简陋的药物，非但无益，而且还会造成新的危害"。但是费雪并没有将价格的变动与经济繁荣联系起来，更没有将价格变动视作影响经济繁荣的主要因素。

但是到了晚年，由于自身在大萧条中的不幸遭遇，费雪终于开始反思大萧条的经济原因。费雪最终并没有形成一套分析和理解经济周期的系统性理论，但是他逐渐开始认为，货币和信贷供给的波动不仅导致通货膨胀或通货紧缩，还是导致经济和失业率出现波动的重要原因。他转而相信，出色的、严格的货币管理政策将缩短经济波动的周期。虽然他自己的理论并不完美，但他仍然有信心，进一步推进自己的理论，并提出了很多激进的政策改革建议。

14

凡勃伦:
制度与经济发展关系

托斯丹·邦德·凡勃伦（1857—1929），美国著名经济学家，旧制度经济学代表人物。凡勃伦生于美国，是挪威移民家庭。他年轻时辗转于美国多所大学，系统学习了经济学、社会学知识。虽然没有机会获得教职，但仍坚持学习和写作。1892 年，凡勃伦进入刚成立的芝加哥大学任教。1899 年，凡勃伦出版代表作《有闲阶级论》。此后，凡勃伦先后执教于斯坦福大学、密苏里大学和纽约新学院。1920 年代，凡勃伦隐居于加州，并于 1929 年大萧条爆发之前去世。

凡勃伦最出名的著作就是 1899 年出版的《有闲阶级论》。此书探讨了各种影响经济水平的制度因素，成为旧制度经济学的开山之作。

凡勃伦是挪威移民的后裔，1857 年出生于美国威斯康星。凡勃伦的家庭里还保留了很多挪威传统，所以他从小就能感受不同语言和不同文化之间的张力，这对于他以后的研究写作也有显著的影响。

凡勃伦的求学时代，正逢19世纪70年代至80年代美国研究型大学如雨后春笋般出现，给予他投身学术研究的机会。所以凡勃伦从卡尔顿学院毕业后，辗转求学于约翰·霍普金斯大学、康奈尔大学、芝加哥大学以及耶鲁大学。他最终获得哲学博士学位，并且以政治经济学作为第二博士学位。

1898年，凡勃伦在刚创刊不久的哈佛学报《经济学季刊》上发表了一篇名为"为什么经济学不是一门演进科学"的文章，系统地阐述了他对主流经济学的批评。他认为，古典政治经济学并没有提供一个动态和演化的框架来分析人类社会的经济活动，而只是运用一些静止的和先验的固定模式来研究。所以其结果只能是与实际社会的脱离。凡勃伦这个看法其实与马歇尔不谋而合，只是两人分别选择了不同的思考进路，马歇尔开创了新古典经济学，而凡勃伦则走向了制度经济学。

1899年，凡勃伦出版了第一本著作《有闲阶级论》，这也是他最有影响的一部著作。今天看来，《有闲阶级论》似乎显得不那么经济学。可19世纪末、20世纪初的美国经济学非常多元，远不是今天新古典经济学和数量方法一统天下的模样。凡勃伦的同代学者都认为，政治经济学家应该海纳百川，吸收所有学术研究。政治经济学家应该既是哲学家又是社会科学家，不应该有什么学科的门户之见。

凡勃伦在书中大量引用了哲学、人类学、心理学的资料，主要目的是论述制度形成的过程。凡勃伦提出一个核心观点，生命是一个进化过程，人在这个进化过程中维护自己生存的权利。在这个严酷的自然选择过程中，一些制度逐渐形成。所以人的行为总是受到传统习俗和社会习惯的影响，他们对于现实需求的反应要滞后一段时间。所以研究现实经济问题，尤其研究市场行为的时候，必须关注那些使得行为滞后的长期的社会制度。

在人类社会的野蛮时代，由于不存在经济特权和社会分工，有闲阶级尚未出现。但是就在这个时代的末期，孕育了有闲阶级的胚胎。到了人类未开化阶段的初期，有闲阶级已经呼之欲出。这个阶段里，社会分工已经出现，一部分人开始不事生产，成了有闲阶级。他们统管政治、战争和宗教等非生产性事务，而且牢牢掌握了对他人的生杀予夺大权。在人们心目中，他们从事的工作，无比光荣神圣，他们的社会地位，更是至高无上，不可动摇。在未开化时代的末期，有闲阶级迅速发展壮大，封建时代的欧洲和日本就是例子。在他们这些国家里，有闲阶级和劳动阶级泾渭分明，划分极其严格。

凡勃伦的文笔十分辛辣。他认为现代人并没有自己想象的那么开化，与野蛮人也并没有太大的差距。同时凡勃伦也暗示，正因为存在有闲阶级，他们作为一种社会的内聚力而保持社会的稳定。早先的经济学家并未能十分清楚地说出当社会组成阶级的利益发生重大分歧之时，到底是什么力量促使社会束缚在一起。马克思认为，当无产阶级毫不妥协时，革命是不可避免的。那么在现实中，是什么原因消解了革命？凡勃伦对这个问题给予了自己独特的解答。

他认为，下层阶级与上层阶级并不是针锋相对的。下层阶级受限于一种看不见但十分牢固的共同态度：工人阶级并不企图取代他们的管理者，他们只是试着去模仿。他们默认，他们所做的工作，比他们主人的工作要不"体面"得多。但是他们的目的并不在于除掉较高的阶级，而是设法让自己成为较高阶级的一员。正是这种心态，使社会得以保持平衡稳定。

在 19 世纪 80 年代美国现代学术体系诞生之前，并没有明确的学术分工领域。所谓的"领域"，实际上只是对教授席位的称呼，而不附属于系科。假如有个本地商人对政治经济学感兴趣，他会愿意给耶鲁一笔钱，设立一个政治经济学的教席，那么耶鲁就有了一位政治经济学教授。当然担任教席的人，可能拥有各种背景。甚至很有可能的是，那位出资的本地绅士恰好与他相识，希望他来担任这个职务。而如果有人接着设立了一个社会学的教席，薪水也更高，那么这位政治经济学教授很可能就转而担任社会学教授。不同学科之间并没有过多的阻隔。

凡勃伦坚信自己是一位经济学家。当时康奈尔大学的学科专业化日趋明确，缺乏背景的凡勃伦无法在那里工作。幸运的是，1890 年代初，芝加哥大学成立。这是一个全新的大学，需要大量的新教师，凡勃伦就在芝加哥大学找到了工作。几年之后，凡勃伦被提升为讲师，并被任命为《政治经济学杂志》的总编辑。

凡勃伦继续写作，对现代商业文明进行无情揭露，彰显出新古典经济学的不足。凡勃伦特别擅长从制度演化的角度进行分析。他认为，工业体制要求勤劳、合作、不断改进技术，而统治企业界人士却只追求利益和炫耀财富，这两者之间的矛盾最终在社会制度层面上表现出来。技术对制度安排有积极的促进作用，而社会惯例和既得利益会阻碍社会制度的变迁。所以，古典经济学单纯研究工业产出而忽视文化传统对于经济的遏制，就会陷入误区之中。

相比于同时代的经济学家，凡勃伦具有一种独到的人类学眼光。他从很多前工业社会中都发现了有闲阶级。他发现这种有闲阶级并不是无所事事的懒人，而是社会上最为忙碌的人，但他们的工作性质是掠夺性的而非生产性的。他们本身并不靠技艺或劳动从事工作，而是凭着武力或智谋来掠夺财富。这些有闲阶级并没有对社会贡献出任何生产性的服务，但是他们的行为却得到社会默许。这些前工业社会非常富裕，足以养得起这个不事生产的有闲阶级，而且传统习俗又使得一般人格外推崇这种有闲阶级。因此这种有闲阶级往往被尊重地认为是能者、强者。在这种情况下，人们对工作的态度与工业社会完全不同。

凡勃伦自认为，他的这种思想直接源于达尔文。达尔文曾受到马尔萨斯的影响，而进化论提出后，终于又反哺经济学。所以凡勃伦希望经济学能变成一种动态的科学，放宽视野，不要拘泥于纯粹的市场分析，而是从更大范围和更长时段来研究总体的经济发展。但是他也并不是所谓的"社会达尔文主义者"。他坚定地认为，社会演化既没有方向也没有目的，一切变动都建立在现代科学基础之上。只要研究者真正重视社会惯例和社会结构，就能通过调整技术生产与制度的关系，最终促进经济发展和社会发展。

可惜的是，凡勃伦的论述虽然充满了洞见，但是缺乏操作性。当时的社会学、人类学的发展也远不足以为凡勃伦提供分析框架。在新古典经济学家看来，以凡勃伦为代表的制度经济学家缺乏实证研究的纲领以及方法，只破不立，并不能为经济运行提供具体明确的指导。尤其是在 1929 年美国大萧条之后，呼吁加强理论研究与现实经济制度之间的关系的呼声高涨。制度经济学与现实问题之间始终隔了一层，也没有找到很好的研究工具。

1929 年，凡勃伦去世，他所倡导的制度经济学也逐渐没落下去。美国正在兴起的是以萨缪尔森为代表的追求数理表达形式的新古典经济学，而非综合了人类学、宗教学的制度经济学。但是也不能说凡勃伦所开辟的制度经济学就在经济学中彻底消失。尤其是芝加哥大学的科斯在 20 世纪 60 年代提出"科斯定理"之后，制度经济学找到了合适的分析工具，又迎来了春天。大家把科斯开创的分析方法，称为"新制度经济学"，此时距离凡勃伦开创"旧制度经济学"已经过去半个多世纪了。

15

凯恩斯：

凯恩斯主义的框架

凯恩斯小传

约翰·梅纳德·凯恩斯（1883—1946），英国著名经济学家，现代宏观经济学创始人。1883 年，凯恩斯出生于经济学世家。他在剑桥大学攻读数学和哲学，受到马歇尔的影响，开始研究经济学。凯恩斯 1908 年开始在剑桥任教，同时也为财政部做了大量的工作，还长期担任《经济学杂志》主编和英国皇家经济学会会长。凯恩斯曾参加"一战"后的巴黎和会，但是他的建议并没有被采纳。1936 年，凯恩斯出版《就业、利息与货币通论》，此书在全世界产生了惊人的影响，并直接导致当代宏观经济学的诞生。1944 年，凯恩斯参加了布雷顿森林会议。1946 年，凯恩斯因病去世。

凯恩斯一生留下大量著作，其中影响最大的毫无疑问是《通论》。这本书反对斯密以降的新古典经济学的立场，提出一整套宏观干预理论，对经济学的影响不亚于斯密的《国富论》。

20 世纪最著名的经济学家，如果只能选取一个，那非凯恩斯莫属。可以说，不了解凯恩斯，也就不了解整个经济学。

而真正了解凯恩斯后，也会发现凯恩斯在当代经济研究中无处不在。

　　凯恩斯 1883 年出生在剑桥的一个书香门第。凯恩斯的学术之路受父亲影响很大。他的父亲内维尔·凯恩斯写过《政治经济学的范畴与方法》，至今还有很多人在研读。可内维尔没有很大抱负，很快转而做行政。但内维尔的工作足以使得小凯恩斯拥有最好的成长环境，使其从小沐浴在西季维克和马歇尔塑造的剑桥文化里。

　　那是维多利亚时代，知识分子饱受信仰危机的打击。个人敏感总是领先于时代的密尔留下大笔宝贵财富，他的思考促使剑桥那些服膺边沁功利主义的人不得不去思考伦理学问题，去思考如何通过社会政策来追求社会福利的问题，而社会福利与个人福利产生冲突时，功利主义又如何解决这个问题。

　　西季维克和马歇尔沿着不同道路阐释这个伦理学一经济学问题。摩尔通过对西季维克的反动开辟出"元伦理学"，而凯恩斯则把马歇尔推到极致，刷新了经济学的面貌。在凯恩斯看来，不仅经济学和伦理学的分歧是不重要的，经济学和伦理学本身亦可以说是不重要的，没有生活、道德和艺术的思想就不能称之为思想。熊彼特讨厌马歇尔和凯恩斯，就是因为觉得他们不怎么像纯粹的学者。可这正是那个时代英国学者的特点：血肉丰满，有丰富政治生活和社会关怀，密尔、摩尔、罗素都是如此。凯恩斯一生纵横学、政两界，除了双子座不安分的天性外，和剑桥的大环境是分不开的。

　　还有人说，20 世纪前半叶的剑桥是个通才云集的地方，比如凯恩斯的学生拉姆齐对维特根斯坦的两本代表作做出最关键的帮助，凯恩斯也写过《概率论》这样的书。可是，凯恩斯是极为讨厌数学的。本来他的数学不错，可进了大学以后突然厌恶数学，以至于对他寄予厚望的父亲不得不监督他学习数学。凯恩斯的《概率论》完全出于逻辑和伦理学的关怀，和摩尔多年的讨论慢慢形成了这本巨著的框架，直接切入概率的本质和基础，而摩尔作为分析伦理学派的鼻祖，数学能力也很一般。直到后来凯恩斯写出了《通论》，希克斯把它模型化，成了现在教科书里的 IS-LM 模型 ①。凯恩斯对此忧心忡忡，"模型化也算了，可千万别再填入具体数字来计算啊"。

　　所以凯恩斯绝不是什么通才、天才，甚至后人强加给他的"凯恩斯经济学"里有多少是他的原意也是颇值得思量的。可以肯定的是，凯恩斯远不像现在很多学者那么在乎"学术范式"和"学科进步"。经济学的大发展是"二战"结束以后的事情，都在凯恩斯的身后。而经济学的地位不断被抬高，经济学家的地位却不断下降，再没有像凯恩斯那样一言九鼎、直接影响英国乃至世界经济、金融政策的经济学家了。我们很难说经济学是在向前还是在往后。

　　用现在的分析眼光看，凯恩斯的分析不乏谬误与偏见，但人们还是争着把荣誉授予早已去世的凯恩斯。他开创的领域叫"宏观经济学"，但怎样才是真正的宏观，这点仍然是值得现

---

① IS-LM 模型即"投资 - 储蓄 / 流动性偏好 - 货币供给"模型。其中 IS 曲线描述商品市场的均衡，LM 曲线描述货币市场的均衡，两者的交点意味着商品市场和货币市场同时达到均衡，也就实现了一般均衡。

在的经济学家思考的。

《和平的经济后果》和《论战争赔偿》堪称凯恩斯对中国影响最大的两本专著。这种说法也许会引起很多学者的愤怒。但事实上，他的《和平的经济后果》20世纪40年代就由陶孟和翻译进来，而《通论》要到60年代才有译本。也许《通论》的翻译难度要比《和平的经济后果》大一些吧，尽管绝大多数人都认同，凯恩斯的英文是最流畅平实的，没有引经据典，也不会纠缠曲折。我想我们不应否认，对于40年代混乱复杂的中国社会来说，《和平的经济后果》讨论的问题比《通论》的问题更重要，更紧迫。政治家凯恩斯也比经济学家凯恩斯发挥了更大的作用。

凯恩斯在20年代之前的生活，一半是在剑桥学习理论知识，一半就是在印度事务部学习行政知识。理论中有实践，实践中又有理论，两者从来没有分开过，而第一次世界大战的爆发给了他登上历史舞台的绝佳机会。

凯恩斯一直在《经济学杂志》上发表论文，现在人们会认为这样顶级的杂志是"纯理论的"，可当时从未有这样的想法。凯恩斯在货币理论特别是印度财政问题上的思考成果，主要都发表在《经济学杂志》上，并且于1913年出版了《印度的货币与财政》这本处女作。尽管委员会对凯恩斯提议的"在印度建设中央银行"的想法观点并不一致，但在凯恩斯看来，战前的社会，总的来看正朝向一个美好的新世界前行。

到了1914年，战争爆发了，似乎整个剑桥都空了，都卷入了战争，凯恩斯最终也成了财政部官员。他一开始就在风口浪尖，在首相劳合·乔治和阿斯奎斯之争中，凯恩斯主要站在后者的立场上。最后，阿斯奎斯失败了。作为经济学家，凯恩斯内心对战争充满了怀疑，对经济危机更是充满了恐惧。劳合·乔治则是要追求大获全胜的，凯恩斯不能认同首相的观点，却不得不尽力帮助政府渡过难关。他的职位越升越高，内心却越来越厌恶，经济危机的迹象也逐渐显露。这时候，英国胜利了。

凯恩斯是以财政部首席代表的身份出席巴黎和会的。他熬过了最困难的战时岁月，却熬不过瓜分利益的巴黎和会。凯恩斯很清楚协约国之间的债务关系，他努力想说服各国领导人减轻对战败国的债务索赔，这不仅对英国不利，甚至有可能摧毁整个资本主义制度。

可美国人对此毫无兴趣，劳合·乔治亦对凯恩斯深表怀疑。他们无心建立什么新欧洲，只想从德国身上多榨取一点利益好回补损失。凯恩斯愤而辞职。他回去很快写出了《和平的经济后果》。所以作为财政部官员的凯恩斯在巴黎和会上是彻底失败的，但作为学者的凯恩斯，在战后依靠这本书取得极大的成功。

凯恩斯敏锐地指出，无论是出于政治家思维不足还是性格缺陷，现在的合约安排只会导致欧洲的绝对贫穷化。这种合约对双方都不利，而且掩埋下战争的隐患。凯恩斯悲观地看到，以后的很长一段时间，欧洲都将为此支付经济代价，这就是和平真正的经济后果。

时代造英雄。凯恩斯在战争时从政，在和平时做研究，在非常的时候提出非常的理论，经济危机的时候也拿出了针对危机的具体方案。

他从 20 世纪 20 年代就开始系统研究货币问题，1923 年出版《论货币改革》，1930 年扩展成《货币论》，再到 1936 年的《通论》，凯恩斯的货币理论逐渐成型。作为剑桥培养出来的经济学家，他基本上赞成马歇尔货币数量理论，但他无法接受围绕金本位的种种幻想，更无法接受"更多公共开支就会减少私人开支"这种观点。从长远看来，我们都已死去。通货膨胀没有那么可怕，重要的是现实经济的健康，它实在太重要了，绝不能交给虚妄的自由经济原则来左右。

回到剑桥后，凯恩斯依然无法彻底摆脱与英国经济政策的实际关联。在这过程中，他与新古典经济学也愈行愈远，渐渐反目。终于他在《货币论》中论证说，储蓄会自动导致投资的看法是完全站不住脚的，完全不存在使得投资和储蓄保持均衡的自动机制。利率和工资水平都应该牢牢抓在手里，这是经济现实对政府的必然要求。

事实上，凯恩斯的《货币论》不见得很成功；而凯恩斯也没有准确地预见到接下来的弥漫全世界的经济大萧条。但就是这场经济大萧条把凯恩斯推到了经济理论的巅峰。

1931 年，凯恩斯出版了《劝说与寓言》，思想上开始变得激进，"宏观"的分析架式渐渐完善。他从货币理论出发，走向了全面解释经济的"通论"——"一般理论"。1936 年，《通论》正式出版。全世界都像发了疯一样阅读这本书，大洋对面的美国出现了排队购书的热潮，连中国都很快有人读到这本书。大家觉得，这本书提供了可以直接用以解决经济危机的药方，简单而又实用。

可是，不同的人解读《通论》的结果却大相径庭，背景不一样，解释的框架也不一样。有人认为利率最重要，利率直接连接不同的货币市场；有人说结构因素更重要，这些结构因素会影响收入和价格水平，以前还没有人论证过。有的人觉得凯恩斯主要讲财政政策，有人却觉得是在讲货币政策。最终，英国和美国的一批年轻经济学家联手模型化凯恩斯思想，把它固定了下来。现在大家管这套思想叫"凯恩斯经济学"。

凯恩斯自己都被搞糊涂了，真有这套"凯恩斯经济学"吗？其实大家说的都对，可各执一词又都不对，凯恩斯既要协调理论纠纷，又要关注日益迫近的战争乌云，实在有些忙不过来了。

第二次世界大战终于爆发。经济问题又一次变成次要问题。这时凯恩斯的地位已非上次可比，可以更自信地设计战后更美好的英国，虽然他已经老了。英国付出比上次惨重得多的代价以后，再一次战胜了德国。

然而，布雷顿森林不是巴黎，凯恩斯的计划再一次落空。巴黎归来，凯恩斯出版《和平的经济后果》，成为国际政治和经济领域举足轻重的人物；布雷顿森林归来，凯恩斯本就不好的身体走到了尽头，画上了不那么圆满的句号。可他这辈子毕竟已占尽了各种便宜，他的传记已经足够辉煌。

为了从研究货币转向研究失业，凯恩斯前后花了5年。自1932年始，凯恩斯开始在课堂上讲授有关失业的"新理论"，逐渐把自己的最新手稿拿出来交由学生讨论。

1933 年，他在《美国经济评论》上面发表文章，认为"当短期利率和长期利率的调控双双不起作用的情况下，由政府进行直接投资以刺激经济便成为必要。这种情况有可能会出现，其实它不久前就曾出现过"。有一些参加过凯恩斯讨论班的学生表示，所谓的"凯恩斯革命"从那个阶段就已经开始了。

随后，1934 年凯恩斯访美，得以和罗斯福以及罗斯福手下各级官员会谈。他向罗斯福保证，只要把用于刺激经济的联邦支出从每月 3 亿增加到 4 亿，美国经济就会迅速复苏。罗斯福虽然抱怨凯恩斯"说话像个数学家"，但对他的建议十分赞赏，很快就落实到了政策行动中。毕竟凯恩斯与罗斯福两人关于国家干预经济的观念是完全一致的。

1940 年，凯恩斯出任财政部顾问，参与战时各项财政金融问题的决策。在凯恩斯的强烈倡议下，英国政府终于开始编制国民收入统计，使国家经济政策拟订有了必要的工具。我们应该注意到，中国学者如刘大中、巫宝三等也都是在这个时期开始着手编制中国的宏观统计数据，也都是受到了凯恩斯的影响。

1944 年 7 月，第二次世界大战尚未结束，凯恩斯就率英国政府代表团出席美国的布雷顿森林会议，并成为国际货币基金组织和国际复兴与开发银行（后来的世界银行）的英国理事。但是凯恩斯的建议再一次被忽视，会议决定建立以美元盯住黄金、其他国家货币盯住美元的国际货币体系，即布雷顿森林体系。

在 1946 年 3 月召开的这两个组织的第一次会议上，凯恩斯当选为世界银行第一任总裁。返回英国不久，凯恩斯因心脏病突发于 1946 年 4 月 21 日在萨塞克斯的家中逝世。基于金本位的布雷顿森林体系于第二次世界大战结束后的 1945 年 12 月起生效，到 1971 年被废除，但国际货币基金组织和世界银行至今仍然存在，并且发挥着重要作用。

凯恩斯虽然去世，但是他对于世界经济乃至于经济学本身的影响才刚刚开始。罗斯福新政之后，凯恩斯主义就成为欧美各国指导经济运行的最主流观念，一直延续到 20 世纪 70 年代，才开始遭到弗里德曼以及卢卡斯等芝加哥自由主义者的挑战。

而对于经济学本身而言，凯恩斯的《通论》开辟了宏观经济学这个全新的领域。在后续的一批经济学家的努力之下，凯恩斯主义逐渐数学化和系统化。美国的萨缪尔森是最为狂热的凯恩斯主义者，把宏观经济学抬高到了与微观经济学分庭抗礼的高度。直到今天，宏观经济学仍然是每个经济系学生必修的一门课程。

而凯恩斯的观念已经被拓展成为"凯恩斯主义"。目前，大多数经济学家都承认，在宏观经济的运行过程中，市场要发挥一部分作用，政府也要发挥一部分作用，不可能完全废除其中一方。学者之间主要的分歧，只是在于两者的份额以及所应作用的领域。从这个角度看，所有人都是某种意义上的凯恩斯主义者。

从出身而论，凯恩斯出身剑桥，有着令人羡慕的师承。他的老师就是大名鼎鼎的马歇尔，新古典经济学的创始人。凯恩斯对恩师马歇尔有着深厚感情，后来甚至写过一本《马歇尔传》，是现在研究马歇尔的重要文献。凯恩斯感慨："马歇尔通过他的学生，再通过学生的学生，使之在这个领域的影响达到了主宰一切的程度。"

在凯恩斯 1946 年去世后不久，他的同事罗宾逊教授（他的夫人即琼·罗宾逊，也是著名经济学家）为他也写了一篇小传，相当清晰流畅，概要地介绍了凯恩斯的生平和主要工作。可那时世界学术中心已逐渐在向美国转移，另一批聪明无比的美国经济学家正在用数理模型规范化凯恩斯的思想。他们把凯恩斯的宏观经济思想简化成"IS-LM"模型，写入各种广为流传的教科书。在所有经济系学生都牢牢记住凯恩斯主义要义的同时，凯恩斯本人却逐渐被遗忘了。

所有与凯恩斯有过接触的人都表示，他首先是个富有教养、充满智慧的人。他出生于名门世家，老凯恩斯亦是一个相当不错的经济学家，留下一本关于经济学方法论的名著。而凯恩斯在伊顿公学阶段主修数学，后来也是以数学和古典文学奖学金进入剑桥，这才跟随马歇尔与庇古研读经济学。

他首先是个有教养的英国绅士，终身保持着对数学、逻辑以及文学的热情，同时关心英国的现实政治和国际关系。他从不是一个现代意义上的纯粹的经济学家。他的同龄人熊彼特在这一点上看得最清楚："为艺术而艺术，从不是凯恩斯科学信条的组成部分。"

我们不妨留意一下当时几个文化圈对凯恩斯的评价。第一个自然是"无限灵感，无限激情，无限才华"的布鲁姆斯伯里圈，核心人物有作家福斯特、狄更斯，诗人艾略特以及沙龙女主人伍尔芙。凯恩斯是这个文化圈的重要人物，往来相当频繁，伍尔芙也在许多地方记录了她所见到的凯恩斯。凯恩斯与这些作家、艺术家都保持密切的联系，这是他保持"上流社会"人脉的手段。凯恩斯拥有不俗的鉴赏品味，收藏了不少画作，当然也从中赚得了不少钱。

另一个圈子是哲学圈。分析哲学这一派学问是英国传统，罗素、摩尔等分析哲学大师都与凯恩斯熟识。凯恩斯自己也写过一本《论概率》，可以归入这一派研究。维特根斯坦混迹于剑桥时，许多人曾对他的哲学水平表示怀疑。可是凯恩斯很早就认定，维特根斯坦拥有惊人才华。有一次他去迎接维特根斯坦回剑桥，写信给妻子说："上帝到了！"而维特根斯坦也在他的《逻辑哲学论》里承认了凯恩斯弟子拉姆齐对他的启发。

这些例子并不会掩盖凯恩斯作为经济学家的光芒，只是提醒我们，凯恩斯是个精力充沛、兴趣广泛、极具个性的学者。他在大学一毕业就选择了去印度事务办公室做行政事务，然后才回到剑桥大学教书。在第一次世界大战爆发后，凯恩斯又加入了财政部，并在战后作为财政部的首席代表出席了巴黎和会。在"二战"期间，他又主动担任财政部顾问，并于1944年率领英国代表团出席了布雷顿森林会议，还在1946年被选为世界银行的第一任总裁。

凯恩斯一生从来没有完全脱离过具体的政治、经济实务。即使在非战争期间，他也一直担任"全国互助人寿保险公司"董事长，出版很有影响力的年报。此外，他也继承了英国数百年的"小册子作家"传统，写作了大量关于时事分析的小册子。

他多年来坚持担任《经济学杂志》主编,将这本杂志变成世界最权威的学术期刊之一;同时他也始终没有放弃知识分子的责任,用自己的能力影响国内甚至国际的经济决策。

凯恩斯是极有现实感的保守主义经济学家,他很清楚英国在两次世界大战期间的状况。百余年前,英国利用在拿破仑战争中获胜的机会,迅速崛起,在全世界范围内扩张经济。时过境迁,在第一次世界大战期间,英国已不再具有如此条件,社会结构也显得僵化。凯恩斯必须直面困境,所以他没有在那些较难改变的产业如纺织、煤炭、造船等行业多花时间,而是全力研究货币。他认为,这几乎就是英国可以独立选择的最后一个政策了。

第一次世界大战之后,凯恩斯参与了巴黎和会,却发现劳合·乔治等人要借着战败赔偿的机会彻底打倒德国,丝毫不考虑战后经济的问题。于是他愤而辞职,给劳合·乔治留了一封信:"我输了。现在就让萨姆纳勋爵和英国赔偿委员会主席对着已被毁灭殆尽的欧洲沾沾自喜去吧,让他们看看到底英国纳税人还能从中得到些什么。"回归剑桥不久,凯恩斯出版了那本《和平的经济后果》,以一种极度悲观的论调做出预言:"在欧洲大陆上,地球正在艰难地喘息。人们无不意识到世界即将毁灭。"

正是这场战争,使得凯恩斯对斯密以来的追求自由放任的传统智慧更趋怀疑。过去人们总以为社会进步、文明发展会自发地实现。现实证明,当一个政府故意忽视当前经济时,它会产生惊人的破坏力。历史上,金本位制度支撑了维多利亚时期的经济奇迹。可那是政府主动采纳了金本位制，而非相反。凯恩斯无法接受劳合·乔治围绕金本位制度的种种幻想，更无法接受"更多公共开支就会减少私人开支"这类自由主义观点。他坚信，在重振经济的过程中，政府绝不能无所事事。

于是凯恩斯转向了货币研究。这原本是美国人最擅长的领域，而凯恩斯是较早意识到货币对实体经济将产生深远影响的欧洲经济学家之一。凯恩斯在原则上接受货币数量论，但在具体操作上，他经常改变方程形式，加入外汇设定，以及他逐渐意识到的流动性偏好假设。凯恩斯总在具体问题上探讨货币，所以他会不遗余力地抨击通货膨胀与通货紧缩可在缺乏干预情况下逐渐自愈的观点。凯恩斯坚持，每个国家都必须管理货币，必须在稳定价格和稳定汇率之间作出取舍。

现在经常有人会提起奥地利学派的米塞斯及哈耶克，将他们与凯恩斯进行比照。他们与凯恩斯确实是同辈人，只不过他们接受的是欧陆传统的经济学教育，基本观点看似与凯恩斯截然对立。奥地利学派坚决反对政府干预，而凯恩斯对缺乏干预的经济体忧心忡忡。2013年有一本思想史专著被翻译进来，特意取名为《凯恩斯大战哈耶克》，将他们两人置于经济光谱的左右两端反复加以比较。

事实上，凯恩斯与奥地利学派的分歧，主要表现在不同国家的立场和不同的方法论上。一旦回到具体政策建议，两者之间的共识总是超过分歧。现在回顾米塞斯在维也纳期间做的一系列现实问题研究，可以看到他远非原教旨主义者，常常根据实际情况支持政府干预。凯恩斯亦是如此。在写作《货币改革略论》《论货币（上、下）》以及一系列小册子的时候，他经常会收到哈耶克学究气十足的商榷信件。凯恩斯承认，自己在很多具体概念的使用上不够明确，故而引来哈耶克的诘问。可是凯恩斯根本不看重什么体系完备、概念精准，他只在乎这些理论是否准确描述和分析了现实状况。哈耶克则对英国经济本身兴趣不大，只是喜欢抽象的理论问题。凯恩斯经常无奈地表示，哈耶克实在找错了论辩对象。

也正是在这个时期，美国爆发了极为严重的经济危机，纽约股票市场崩盘。欧洲各国迅速受到波及，工业产值下降，失业猛增，纷纷放弃金本位制度。事后大家才知道，这是20世纪最严重的一次周期性的经济危机，形势空前严峻。许多大牌经济学家的声誉都在这场危机中受到了损害。

例如美国近代最著名的货币理论大师、凯恩斯的好友费雪教授，在股市崩盘之前就购买了大量的股票。见到股市下跌，费雪仍然乐观地表示，相信股市很快就会恢复，因为他对胡佛总统有信心。费雪常年在耶鲁任教，论敌主要来自哈佛，可他的论敌们也没有对这次危机的规模与持续时间做出准确判断。几年过去，总将"一切正常"挂在嘴边的费雪教授，日益成为美国人民最喜欢嘲讽的对象。又比如奥地利学派的米塞斯与哈耶克，生活过得很艰辛。米塞斯多年来一直在维也纳商会工作，1934年移居日内瓦，"二战"期间又移民美国。而哈耶克在这段时间里，正好接受了罗宾逊教授的邀请，前往英国任教。他们总体主张减少政府干预，任由经济自我修复，这次同样如此。可几年过去，美国大萧条丝毫没有好转的迹象，反而进一步拖累了世界各国经济，米塞斯与哈耶克的经济学说，由此也开始显得尴尬起来。

凯恩斯的状况比他们好不了多少。就在纽约股市暴跌之前，凯恩斯还在用杠杆做多美国的期货。危机到来，凯恩斯的身价立即大幅缩水，自身的财务状况变得紧张，不得不出售自己之前收藏的艺术品。虽然投机失败，但凯恩斯的货币思想倒是慢慢开始产生影响。凯恩斯为了写作一本货币理论的专著，已经准备多年。借着这次危机的机会，凯恩斯终于出版了《论货币》。他在书里挑明了自己的观点："驱使企业前进的发动机并非节俭，而是利润。"《论货币》在学术市场上是成功的，赢得不少赞誉，凯恩斯自己却将其视为一次失败的尝试。因为它太复杂了，包含许多细节，看似缜密却不够有特色。这样的一本书，很难引起大众读者的兴趣。凯恩斯猜对了读者的口味，于是不再有兴趣加工弥补这本书的缺陷，而是决定与之划清界限，重新创造一套最能反映个人思想主旨的概念性工具。那就是后来的《通论》。

美国也成为后来推行凯恩斯主义最有力的地区，对凯恩斯主义的兴起极为关键。凯恩斯曾表示，"要把世界从大萧条里拯救出来，除了战争之外别无他途"。不料一语成谶。德国和意大利都早早地决定使用强力的政府投资来拉动经济，而最终的代价则需以战争的形式来偿付。就这样，凯恩斯的影响力从纸面扩展到了大家的日常生活中。

1936 年，凯恩斯出版《通论》，大获成功。凯恩斯之所以成功，主要因为他提出了大众关心的问题。在那个时代，哈耶克与熊彼特等纯粹的学者都还在苦苦探究"经济是如何一步步发展到大萧条这副境地"的。熊彼特在那个时期正在撰写一本巨著《经济周期》，汇集大量资料，却难以完稿。别说熊彼特完不成挑战，即使在国民经济统计如此发达的今天，宏观经济学家对经济危机、经济周期的成因也未形成一致的看法。

凯恩斯对这些根本性问题缺乏兴趣，他要追问的是，"在一个竞争并未受到严格限制的自由经济环境下，高失业率和高产能过剩为何持续如此长的时间？"后来凯恩斯的传记作者罗伯特·斯基德尔斯基为他解释说，"一旦世界经济陷入崩溃，没人会特别想知道到底是什么导致了它的崩溃"。这个现实难题既然在传统新古典经济学的供需模型下得不到解释和回应，凯恩斯就主张抛弃这个模型，转而使用直接可见的政府干预，生活本身才是学术理论的最终目的。

凯恩斯的新理论可谓离经叛道，引发大量争议。可是《通论》出版不过一年，整个世界就卷入了第二次世界大战，进入一个特殊时期。在这个特殊时期，凯恩斯与哈耶克、熊彼特等人反而得以放下包袱，就战时经济达成了高度共识。他们都反对通货膨胀，主张适当控制财政赤字，这是战时所必须的。为了填补财政支出和税收之间的缺口，凯恩斯还提出在战时征收高额所得税。哈耶克给凯恩斯去了一封短信："我们对短缺经济学的理论认识完全一致，这真太令人欣慰，我们唯一存在的分歧只是它在什么时候才适用。"

战争期间，英国终于全面采纳凯恩斯早在30年代初就反复提出的建议。不仅军备建设取得成效，大规模的失业也消失了，凯恩斯主义用对了地方。与此同时，美国也采用凯恩斯主义的政策，获得了空前的胜利。大家都同意，凯恩斯主义是战时唯一正确的经济理论。不过战争终有结束的一天，经济还要回复到日常状态。在战争结束的那一天，凯恩斯主义已经在世界范围内留下痕迹，很少有人再会天真地相信"一切进步都会自发地产生"。

凯恩斯在"二战"结束不久后，于1946年4月在英国去世，留下丰厚的学术遗产。在一些经济学家的努力下，他的思想被进一步规范化为"宏观经济学"，成为后续经济学家讨论问题的基本参照体系。诺贝尔奖得主弗里德曼的学术观点与凯恩斯本有极大不同，但他承认："我们使用了《通论》中的许多分析细节；《通论》改变了我们研究和分析的关注点，我们全都至少接受其中的一大部分……从某种意义上来说，我们现在全都是凯恩斯主义者。"

中国亦不可能成为例外。我们采用 GDP 来衡量国民经济水平，我们采用财政政策和货币政策来调整经济运行，这一切已经证明了凯恩斯框架对我们认知的影响。当然，宏观经济学经过几十年的发展，早已取得大量新发现，例如"菲利普斯曲线"，例如"泰勒规则"，例如真实商业周期等，加上近年来不断涌现的技术进步和全球化进程，使得今天的宏观经济远比当年复杂，远非凯恩斯所能预料。

但在经济讨论过程中，凯恩斯的幽灵仍会不断出现。只要市场自发调节失灵，政府进行介入、干预，我们就会情不自禁地想起凯恩斯。产能过剩、大规模失业、通货膨胀等问题，仍然是今天政客、学者必须面对的难题，与凯恩斯时代没有本质区别。甚至在宏观经济学的学术领域里，现在也仍有两大学术流派，一派支持自由竞争的市场，另一派支持政府干预，自诩为"新凯恩斯主义"。

凯恩斯的幽灵在今天的经济学中无处不在。从马克思到凯恩斯，新古典经济学终于形成了自己的体系结构。

下篇

经济学的发展
与演变

16

熊彼特：
现代意义的经济学方法

熊彼特小传

约瑟夫·熊彼特（1883—1950），著名奥裔美籍经济学家。熊彼特出生于奥匈帝国，曾在维也纳大学求学，受到门格尔、维塞尔、庞巴维克等奥地利学派学者的影响，开始钻研经济学。熊彼特博采众长，先后向马歇尔、瓦尔拉等不同学派学者学习，逐渐形成自己的思想，1911年出版了代表作《经济发展理论》。熊彼特后来曾担任奥地利财政部长，但并不成功。1932年，熊彼特移居美国，执教于哈佛大学。熊彼特在美国期间出版了一系列重要著作，晚年则主要从事经济思想史的研究。1950年，熊彼特去世，有关经济思想史的遗作《经济分析史》由遗孀协助出版。

熊彼特一生著作极多，思想丰富，在很多领域都有深远影响。熊彼特著作中比较著名的有1911年的《经济发展理论》，1942年的《资本主义、社会主义与民主》以及1954年的《经济分析史》。

有些学者天然具备综合倾向，对于理论的发展前景最有判断眼光。这样的学者，不一定会亲自作出精巧的研究，却能统合当时五花八门的研究路径，给同时代的人指明未来的研究方向。在经济学界，熊彼特就属于这种先知类型的学者。

1883 年，熊彼特生于今天属于捷克的一个小镇，当时这里仍是不断衰落中的奥匈帝国的领地。熊彼特祖上三代都在经营纺织厂，他是家里唯一的男孩，而父亲又不幸早早去世。他的母亲为了熊彼特的前途，改嫁给一个年长的退役军官，并举家搬到了维也纳。所以，熊彼特从小就进入一所专门为贵族子弟开设的学校。

熊彼特所接触到的同学的社会阶层，与他自身所处的社会阶层存在一定的差异，这种差异对理解以后熊彼特的心理极为重要。熊彼特与凯恩斯一样，都热衷于研究祖上的光荣历史。凯恩斯的祖上是随着征服者威廉来到英国的，似乎还比较可信。熊彼特祖上的贵族功绩，就显得比较可疑了。

熊彼特一生都保持所谓的贵族气质，也就是高雅华丽的举止、风流成性以及奢侈的贵族品位。他表面上漫不经心、冷嘲热讽，但在别人背后非常刻苦努力。他学会并精通击剑和骑术，还学会至少五门以上的古典和当代语言。熊彼特精通古希腊文和拉丁文是毫无疑问的。而他同时表现出狂放不羁和羞怯的一面。例如他经常在马车上带着两个妓女招摇过市，他还经常因为骑马去学校而引得其他同事不安。他对别人的学问都如数家珍，但有同学发现，每次询问熊彼特自己的研究时，他会表现得极为不安和羞怯。熊彼特后来有一句非常著名的话，他的三个愿望是，成为维也纳最伟大的情人，奥地利最伟大的骑士，世界最伟大的经济学家。这并不只是一则趣闻，从中确实能看出熊彼特的一些重要的心理特征。

当时的维也纳，世纪末的维也纳，是一个迷人的城市。虽然奥匈帝国是个在政治上不断衰落的帝国，但维也纳正迎来飞速的经济发展。它是欧洲排名前列的工业城市，正在经历电力化革命。电话刚刚开通，电车正在取代马车，各处都在忙于将电灯取代煤油灯。维也纳的铁路快速发展，环城大道刚刚建成，人口有爆炸性的增长，精神文化正在经历巨变。这些充满矛盾的环境巨变，对熊彼特造成巨大的影响，我们可以在熊彼特日后几乎所有著作中看出这一点。

18 岁的时候，熊彼特以优异成绩进入维也纳大学，而且他在大学里就是明星学生，他的老师斯皮托夫对他的评价是，他从未是一个初学者。斯皮托夫曾担任施穆勒的助手，一辈子试图发展出一套商业周期理论。后来熊彼特在著作里对他的工作也有很多讨论。熊彼特在学校里个性强硬，并不轻易附和哪位老师。当时，庞巴维克是维也纳大学最有影响的教师，而且刚刚从财政部的职位上退下来。熊彼特和米塞斯无疑都认真听过庞巴维克的课，但熊彼特经常与庞巴维克唱反调，而米塞斯是庞巴维克最好的学生、最重要的继承者。

熊彼特在大学毕业前，就在庞巴维克主持的学报上发表了不下三篇文章，最终于 1906 年获得法律博士学位。授予博士学位是欧陆的传统，而非英美的传统。在当时，奥匈帝国的很多年前经济学家获得的都是法律博士学位，米塞斯也是。英国学者则很少有人有博士学位。

这一切都表明，熊彼特受到良好的现代经济学训练。熊彼特虽然与庞巴维克观点不完全一致，他对于社会主义还抱有浓厚的温情，在方法论上也并没有那么个人主义，很多人并不认为熊彼特属于奥地利学派。但是熊彼特向来主张"方法论的宽容"，从总体思维特点来看，他无疑还是属于演绎方法的奥地利学派一路。熊彼特是奥地利学派中对英国古典经济学以及瓦尔拉一般均衡理论掌握最好的学者，他对马歇尔与瓦尔拉都极为崇拜。马歇尔与瓦尔拉对熊彼特在方法论上的影响，一直持续到他的晚期。熊彼特在毕业后就发表了一篇方法论的论文，名为《关于理论经济中的数学方法》，很有煽动力。虽然讨论方法论一直是奥地利学派的传统，也是奥地利学派与历史学派争论的工具。但熊彼特的论文显然超越了与历史学派的争论，直接试图建立起与马歇尔和瓦尔拉的对话。熊彼特的视野已经不再局限于欧陆，而是迫切希望学习英国和法国的经济学。

　　熊彼特大学一毕业就开始了所谓的"欧洲学术巡回旅行"。他的第一站是柏林大学，他去柏林大学的目的是为了更好地了解历史学派，尝试弥合奥地利学派与历史学派的分歧。接着他又去巴黎待了一阵，然后就到了伦敦。熊彼特十分喜爱伦敦的生活，他为了在伦敦政治经济学院读书，就在海德公园附近租下房子，生活中则保留了欧洲贵族做派，例如他每天都在海德公园的马道上骑马。平时，熊彼特也一直去看话剧，社交，只有回到家里才加倍努力地写作。他后来反思，自己当年的思路和在大英博物馆里写作的马克思非常接近，都是试图从由经济体系内部诸因素的独立作用，推导经济发展的过程。

　　在英国期间，熊彼特也去剑桥拜访了他的偶像马歇尔。熊彼特对这次会面印象深刻。马歇尔年纪大了，而且抱有英国人特有的审慎，不会像马克思或熊彼特那样轻易投身宏大体系的构建。熊彼特虽然谦虚聆听，但仍处处透出他的大胆锐气。两人相谈甚欢，而熊彼特此时已准备好进入一场大型的学术冒险。

熊彼特在伦敦时，很偶然地结识了一位年长他 12 岁的英国女人格拉迪丝，然后两人闪婚，并有了孩子。这场婚姻并未持续很长时间，也没有得到两个家族的支持，当时参加婚礼的只有熊彼特的好友、日后的实证法学大师凯尔森。1906 年，在格拉迪丝的支持下，熊彼特为一位埃及公主做财务顾问，夫妻两人跑去了开罗，尝试在开罗赚钱。熊彼特后来留下一部未完成的小说，里面就涉及欧洲与北非之间的大型商业交易，可以看出当年熊彼特经历的一些线索。前往开罗这个新奇而混乱的城市，这段经历对于往返于书斋和上流贵族生活的熊彼特而言，非常重要。

熊彼特在埃及待了两年，主要在一家意大利的法律事务所工作。20 世纪初，正赶上埃及这个大英殖民地畸形繁荣然后证券市场崩溃。熊彼特处理完事务所的工作之后，就躲到咖啡馆里开始写作。在当时的学界，英国经济学与欧陆经济学相互抗衡，很难说哪一派理论更占据上风。熊彼特无疑属于欧陆经济学家中极为偏向英国的那少数派，他希望自己的写作能提供一套整合的理论框架。

熊彼特同时在写好几部著作，相互之间有着内在联系。这只有我们事后观察，才能获得比较清晰的印象。根据熊彼特专家 Mark Perlman 的看法（也是我的看法），熊彼特一生最重要的成就是五项研究计划（或者说四项半）。

第一项，是经济学方法论研究，目的是打通欧陆经济学与英法分析经济学；第二项，是以创新过程为核心的经济发展理论；第三项，是货币和商业周期理论；第四项，是晚年对经济思想的总体梳理；第五项，也许是熊彼特自己并不太看重的研究，就是他对社会主义经济模式的研究。

1908 年，熊彼特用德文写作了《理论经济学的本质与精髓》，同一时期写作了《经济理论和方法》，这两本书有比较密切的联系，都是熊彼特对经济学本身和方法论的认识。同时，熊彼特尝试运用他的方法分析经济发展和经济周期，那就是 1912 年出版的著名的《经济发展理论》。这些书最初都用德文写作，有些被译成英文。《经济发展理论》大获成功，至今仍一直被人阅读。它为熊彼特赢得了在欧洲学界的地位，而熊彼特此时年仅 27 岁。

熊彼特一生的五个主要研究计划，其中第一个在他 25 岁以前就已完成，第二个也已有初步的想法。熊彼特 1908 年在开罗染上热病，不得不回伦敦休养，随后他去维也纳大学就自己的最新研究做了演讲。可惜，维也纳大学并没能给他提供工作机会。还是在庞巴维克的推荐下，熊彼特去了奥匈帝国边境的一个小镇塞诺维茨，在塞诺维茨大学教书。今天这个小镇已经属于乌克兰。塞诺维茨这个偏僻小镇对于熊彼特极为重要，熊彼特就在这里修改完成了《经济发展理论》。

熊彼特的《经济发展理论》以一种矛盾的方式展开书写。他认为资本主义的生产过程是静止不动的，不断重复自己，但永远不会改变自己、扩张自己。"我们所有的知识和习惯，一旦掌握了，就会成为根深蒂固的东西，就像地球上的铁道路基。"熊彼特对李嘉图和密尔的古典经济学背后的完全竞争理论有着深刻认识，他明白，雇主之间的竞争将使得他们对雇佣工人支付其所创造产品的全部价值。土地资本家亦是如此。而资本家，除了作为生产管理者的工资以外，也将一无所得。所以，正如李嘉图和密尔已经预见到的，在一个静态经济中，没有利润的位置。

熊彼特一贯采用欲扬先抑的写作手段。他要研究的根本问题就是利润的来源。马克思对此当然有一套精彩的解释，但庞巴维克也已对马克思《资本论》第三卷的动态理论进行了精彩的批评。熊彼特给出了一种不同于马克思的解释，在静态经济中，如果生产过程改变了其固定路线，利润便产生了。

所以，这就是在生产过程中对技术和组织结构的创新。创新的结果会产生新的收入流，这部分收入既不能归于劳动，也不能归于资源的所有者。这部分新的收入流，不能在李嘉图到密尔的框架内得到解释。这个新的过程，能使资本家以更低的成本生产出与其竞争对手相同的产品。同样的，土地所有者也可能通过创新获得新的收入流，而这些收入流也不能归于土地位置和肥沃程度，只是来自创新者的意识和知识。一旦其他资本家也掌握了这种诀窍，新的利润就消失了。

所以这种新的收入并不是永久收入或地租，它只是稍纵即逝的利润，它不能归入传统的静态理论，必须归于创新者。这些创新者不同于一般的企业家，严格来说，追求创新的企业家和一般的企业家完全属于两个集团，创新者完全可以从任何阶级中出现，所以熊彼特用一个新名词来描述这些生产中的革命家，称他们是 entrepreneurs（企业家）。这些企业家的创新活动，是资本主义制度中利润的根本源泉。

所以，熊彼特是从新古典经济学的逻辑缝隙中找到创新这个因素的。同时，熊彼特还从创新这个因素推导出经济周期的过程。对于经济周期，熊彼特认为需要一个更宏大的视野。日后他在分析大萧条时指出，"这种趋势（大萧条）在战前十五年里没有显示出任何疲软的征兆。经济局面是完全不同的许多要素构成了更深远的动力"。所以，分析经济周期需要不一般的宏大视野。企业家是最先创新的人，但企业家的数量毕竟极少。他们带动了新型生产模式后，必然有一群人追随其后，熊彼特将他们称作模仿者。模仿者的大规模生产，必然导致大量投资支出、银行贷款等，而经济利润在模仿者行动的过程中逐渐减少。投资增长达到顶峰时，经济也随之达到顶峰，随后就开始下降。如果还有一部分模仿者没有看清投资时机，引导了错误的投资，那么经济衰退就发生了。

这种创新精神极为宝贵，可遇而不可求。熊彼特在世纪末的维也纳也许见过很多这种创新，不仅对他们予以高度评价，还反思了传统社会中对于企业家、创新者的看法。熊彼特说："我们应当知道，创新者绝不会感情用事，那是所有其他社会领导方式的荣耀。无论单个的还是集体的创新者，他们的经济地位都不稳定。事实上，当他们经济上的成功使得他们的社会地位提高时，他们得不到文化传统和观念上的支持。其社会地位也只是暴发户，他们的行为被人取笑。所以，我们应该理解，这种人永远是少数。"

熊彼特于 1911 年 5 月完成《经济发展理论》，然后就回到维也纳，准备去距离首都维也纳更近的小镇格拉茨大学教书。他在塞诺维茨时，还有一件小事值得一提，从这件小事里可以看出熊彼特的性格。当时他为学生开列了书单，要求学生去图书馆借阅学习。学生在图书馆借书时，受到了图书馆管理员的刁难。学生向熊彼特投诉，向来贵族气派的熊彼特马上选择了最极端的方式，向图书馆管理员提出决斗。幸运的是，决斗结果以熊彼特刺伤对方告终，似乎后来熊彼特也跟对方言归于好，事态没有进一步恶化。但从这件事可以看出，熊彼特对于学习和教育都充满了惊人的激情，并且始终抱着浪漫主义的态度来处理，哪怕涉及自己的生命。

1911 年底，熊彼特开始在格拉茨大学教书。熊彼特提交了自己的《经济发展理论》，但并没有受到重视，真正起到作用的还是庞巴维克的推荐。而且后来据熊彼特回忆，整个欧陆学界对《经济发展理论》都持一种敌视的态度，甚至庞巴维克都很不喜欢它，还专门写了一篇非常长的文章加以反驳。以奥地利学派的视角来看，这本书非常新古典，并没有根植于欧陆经济传统。

1913 年，熊彼特收到美国哥伦比亚大学的邀请，这是他第一次有机会访美。同时，他与第一任妻子的婚姻也走到尽头。熊彼特非常愉快地在美国待了很久，甚至不断地坐火车游历美国。正因为这次游历给熊彼特留下极为美好的印象，所以他在二十年后毅然抛弃欧洲，选择了哈佛大学。同时，我们也很容易想起另两位因游美而发生巨大变化的前辈学者，那就是托克维尔和剑桥经济学家马歇尔。托克维尔看到了美国的民主，马歇尔看到工业革命在美国产生巨大的威力，而美国对于熊彼特的影响也颇值得探讨反思。

1912年至1932年，整整20年时间，这是熊彼特生命中极为失落的二十年。熊彼特虽然28岁时就完成了那么重要的工作，但他在后来的二十年时间里陷入迷失，虽然做了很多事情，但并无多大意义，也没有促进学术研究。当然后来这二十年，对于熊彼特整个人生而言，尽管是挫折，但仍然非常重要。

尤其是从思想史的角度看，1920年至1930年，可算作是"失落的十年"。回想一下，我们很难想出来经济学理论在这十年里取得了什么进展。一战之后直到美国经济危机爆发的这段时期里，马歇尔已经老去，萨缪尔森等还没有成长起来，那么凯恩斯、米塞斯、罗宾斯、奈特、熊彼特这些重要的经济学家在做什么？当时还有哪些有影响但现在已默默无闻的经济学家？这是一个非常重要的问题。比如凯恩斯的一些研究者认为，第一次世界大战与第二次世界大战，本质上只是一次战争，《凡尔赛协议》已经暗示了第二次世界大战的路径。而中间这十年，就像是中场休息。这段时期，奥匈帝国解体，欧陆国家普遍陷入经济危机，通货膨胀严峻，这些线索可能是理解后来这些学者在30年代个人选择的重要背景。

熊彼特从美国回到维也纳不久，第一次世界大战爆发。奥匈帝国是受到第一次世界大战影响最大的国家之一，熊彼特也逐渐离开课堂，对政治的介入越来越深。等1918年第一次世界大战结束，垂暮的奥匈帝国战败、突然解体，社会秩序非常混乱。既有学界背景又有一些政治经验的熊彼特不断获得重用，先是出任德国社会化委员会经济顾问，随后又被选为奥地利共和国的财政部长。熊彼特雄心勃勃，但是他缺乏政治经验，也缺少必要的圆滑，再加上他奢侈的贵族做派一直为人诟病，在这个位置上做了不到一年就黯然下台。学术界可以包容熊彼特的自我矛盾，但政治界不会包容。主流媒体给他贴上标签，"一个人同时拥有自由主义、保守主义和社会主义三个不同的灵魂该是多么美妙啊"。事后回顾熊彼特的真实立场，这种嘲讽倒也没有说错。

熊彼特在战后一段时间，政务和商务繁忙，但仍然写了不少东西，如《税务国家的危机》。这些文章包含了不少重要的想法，试图在非常困难的外部环境下推动一个弱小国家的自由市场经济。这些想法在经济上并非全无推行的可能，但在政治上决不能简单地据此推行。熊彼特对于社会经济演变的方向确实有宏观直觉，但在具体操作层面上，坚持贵族举止的他，确实不够了解政治的实际运作手腕。

熊彼特在这段时期里，很多精力都转向社会学研究。今天康奈尔大学的社会学家斯威德伯格编辑的《熊彼特读本》里，选择的大多数文献就是熊彼特在这个时期的作品。例如熊彼特在1918年写作的《税收国家的危机》；在1919年写作的《帝国主义的社会学》；在1927年写作的《伦理同质化环境下的社会阶层》。从今天主流新古典经济学角度看，这些作品都过于"欧陆化"，或者说过于社会学化，让人不适。英美的经济学者并不会用这样的方式讨论问题。但这正是熊彼特除了新古典经济学之外另一个重要面向。他在向德国学者谈论经济学时，他在向历史学派提出经济学问题时，就会选择这样的提问方式。《税收国家的危机》中，已经显现出很多类似后来《资本主义、社会主义与民主》的特征。熊彼特将国家分为两类，领地国家和税收国家，前者是比较初级的国家形态，一定会朝向后者转变。但熊彼特认为后者也并非终极形态，最终一定会崩溃。这种看法极富洞见，也充满矛盾性，这一直是典型的熊彼特风格。直至今天，这些作品仍然是最被低估的熊彼特作品。

熊彼特下台之后，奥地利已经陷入非常严重的财政危机、恶性通货膨胀。熊彼特只能回到格拉茨大学继续教书，但他的心思已不在学校里。奥地利政府给了他一个机会，担任奥地利最重要投资银行比德尔曼银行的主席，作为"金色降落伞"。熊彼特很快陷入疯狂的投资活动中，一边自己的生活也是挥金如土。1924年，熊彼特的投资完全失败，损失了几乎所有财富，还欠了大量的债，也不得不辞去比德尔曼银行的职务。

最终，熊彼特还是选择了回归学校。即便如此，他能得到欧洲大学的青睐也颇不容易。1925年，他获得了波恩大学的聘书，非常激动。而与他竞争这个职位的人，正是他当年的同学米塞斯。同时，熊彼特也陷入一段新的恋情，不久后，他与安妮结婚，前往波恩任教。

在这段时期，熊彼特在生活中连续遭遇打击。他在波恩执教没过几个月，与他感情最为密切的母亲去世。接着，安妮在分娩时也不幸去世，而且他们的孩子也没有存活下来。连续的打击对熊彼特造成巨大的影响。此时，他还因为前些年的投资失败而欠着巨额债务，所以他不断地巡回演讲，给报纸投稿来麻痹自己。他的日记表明，熊彼特在这段时间的心理极为沮丧，陷入人生低谷。

但是熊彼特对整个社会、整个资本主义经济制度的观察却与他个人精神状态不同，非常有意思。在 1928 年，熊彼特就已经认识到，目前欧洲和美国股市高涨很有可能被一轮暴跌所取代，同时会导致商品产出下降，失业率上升，即所谓的经济萧条。但他乐于看到股市暴跌，因为"这种不稳定，是新的发明创造所引起的，它们通常趋向于自我纠正，而不会持续地积累下去"。这就是"创造性毁灭"思想，熊彼特据此认为资本主义经济是稳定的，而且还大有潜力，可以进一步发展。不过再过一些年，他在《资本主义、社会主义与民主》中又说出了相反的话，这是他一贯的自我矛盾。

1928 年以后，熊彼特先后访问美国、日本，可以暂时逃离让他绝望的欧洲学术界。他先在哈佛教了一年的书，与哈佛学者建立了非常好的关系，也受到了哈佛经济系主任陶西格的热情邀请。熊彼特经过慎重考虑，1932 年决定移民到美国，进入哈佛教书。

当时美国还处于大萧条之中，经济并不景气，欧洲的情况也好不到哪里去。熊彼特却感受到，欧洲环境对于他这种并无明显国家主义倾向、反而对左翼社会主义深感同情的学者而言，变得越来越不友好。他正需要换一个环境，摆脱那些令人悲伤的回忆。所以，熊彼特并没有遭到纳粹直接的压迫，就很自然地离开欧洲，到了美国。

不过即使在哈佛校园里，熊彼特的政治倾向也受到广泛关注。他在前往哈佛之前，刚刚访问了日本东京大学。他对日本和德国都富有感情，而且从不掩饰自己对社会主义的同情，而这些正与美国主流立场相悖。联邦调查局对熊彼特展开长达两年的调查，当然并没有查出什么。熊彼特此时已经远离政治，但他对此仍十分敏感。数年之后，哈佛同样因为政治理由拒绝接受青年学者萨缪尔森进入哈佛执教，熊彼特再一次为之愤怒，就想从哈佛辞职，后来终被挽留。

而熊彼特到了哈佛以后，生活终于又平静下来，可以重新回归书斋。他已经失去二十年，岁数也已经接近五十，需要抓紧了。此时，他又在哈佛遇到伊丽莎白·波迪，两人结婚，这也是熊彼特最后一段婚姻。熊彼特去世之后，他未完成的《经济分析史》就由伊丽莎白帮助编辑出版。

熊彼特到了美国之后，就开始投身于美国最重要的问题——经济大萧条的解释研究。熊彼特在过去的《经济发展理论》中已经解释了经济周期的内在机制，但此时他必须回答一个更深入的问题，那就是创新有何规律，如何产生。在长期的经济萧条中，显然创新活动并没有及时地出现，那么熊彼特必须解释，为何创新活动没有及时出现。

1934 年前后，剑桥的凯恩斯与哈佛熊彼特同时开始研究这个问题，他们都认为新古典经济学已经失灵，庇古或者罗宾斯并不能有效应付当前危机，经济学界迫切需要一种新理论。

熊彼特对此尤其看重，这也是他希望在哈佛拿出的第一本引人瞩目的著作。起点非常接近，但两人的工作进程有巨大的差别。凯恩斯迅速抛弃了他之前陷入困境的《货币论》研究，直接面对现实困境，利用他丰富的经验归纳出一套用以解决经济萧条的说辞。在短短两年之内，他就把讲稿变成《就业、利息与货币通论》，一经出版，大获成功。与此同时，熊彼特还在耐心搜集资料。这次他要尝试解释长时段的萧条问题，根据他的欧陆训练，必须搜集整理美国的经济史材料，然后用理论加以分析。

等到熊彼特完成这些工作，时间已经到了 1939 年。熊彼特交出了上下两册、长达 1000 页的《商业周期》。熊彼特在一开始就阐述了自己的方法论，他将使用理论、统计与历史的三重方法来处理商业周期问题。他认为，经济周期实质上是三种不同波长周期的叠加。第一种是数年之内的短周期，名为基钦周期；第二种是 7—11 年的中等周期，名为朱格拉周期；第三种是长达五六十年的康德拉季耶夫长周期。长周期的出现与具有划时代意义的发明有关，例如蒸汽机或者汽车。长周期是极难遇到的，而当长周期陷于谷地，中周期和短周期又正好与之叠加，三重周期作用之下，经济就会陷入非常不利的长期萧条。这种大萧条是非常痛苦的，但熊彼特将其比喻为"冷水浴"。不久就会有短、中周期的复兴，而从长期来看，具有重大意义的创新正在酝酿之中，会在未来数十年内不断拉动经济总体向上，人们应当对此抱以乐观态度。

熊彼特对这本书的期待很高，这是汇集他毕生心血的一部巨著。可惜熊彼特自己却踏错了周期。凯恩斯的书比他早三年出版，已风靡欧洲和美国，并且有一批经济学家根据凯恩斯的理论加以完善，演变成凯恩斯主义。美国经济也正在罗斯福新政的作用下逐渐恢复，不管是大众还是经济学界都觉得，现在已经找到解释和消除经济萧条的正确理论。既然如此，熊彼特的工作也就没有什么意义了。而且熊彼特的《商业周期》非常难读，除了前面部分的理论分析外，后面就是冗长的史料辨析。历史学派风格的作品从未在美国真正得到认可。对于这个结果，熊彼特表示非常失望。

此时，凯恩斯如日中天，他是丘吉尔的财政大臣，也是英国前往美国金融谈判的首席代表，身边有无数追随者。而熊彼特却仍在谷底，并没有多少人关注他的《商业周期》。熊彼特对于德国、日本战争失败的同情也从未被人理解。当然熊彼特也从未喜欢过凯恩斯。熊彼特后来写过一系列经济学者的文章，辑成《从马克思到凯恩斯》一书。尤其值得注意的是，他的遗孀在前言里介绍了熊彼特个人对于凯恩斯的态度："他们1927年才见了面，由于一些不易解释的原因，他们两人的关系无论从个人角度还是从专业角度来说，都不十分密切。"如果我们尝试着解释一下的话，从专业角度看，熊彼特对社会主义抱有同情，而凯恩斯截然相反；从研究方法看，凯恩斯是个典型的经验主义者，也是新古典理论的终结者，而熊彼特终身对于理论抱有热情。从个人角度看，也许比较容易解释，熊彼特是个追求贵族精神的浪漫主义者，他不喜欢有同性恋倾向的凯恩斯。

1942 年，在低落时期的熊彼特撰写了《资本主义、社会主义与民主》，没想到这本书却取得极大的成功。熊彼特自己对这本书并不看重，认为它只是一本科普性质的著作，熊彼特对于资本主义的根本看法早已在其他许多地方有所表达。但是这本书写得清晰流畅，虽然在结论上宣布资本主义制度必然终结的命运，却在绝大多数篇幅里揭示出资本主义所取得的巨大成就，给读者以信心。这是熊彼特矛盾写作得以淋漓尽致体现的一次尝试。谨慎的经济学家认为这是熊彼特的"半个"研究计划，而许多政治学家则认为这就是熊彼特的代表作。

熊彼特说："资本主义制度创造出一种关键性的精神状态，它摧毁了众多制度惯例的道德权威，而最终又会把矛头转向自身；资产阶级大为惊讶地发现，理性主义者的观念不会因为任何权威而停止，而是继续向私有财产和整个资产阶级世界观进攻。"所以，熊彼特认为，资本主义的终结或者说创新行为的终结，并非由于马克思所说的工人阶级的团结抗争，而是由于个性的作用下降、官僚管理的加强，创新活动变成了例行公事。这是一种韦伯意义上的理性主义疾病，表面上一切事物都在正常运作，这时"已经产出了一个通向另一文明的潮流，它在潜层中慢慢地发挥作用"。

所以，最终熊彼特得到了与马克思同样的结论，只是理由完全不同，完全是他自己的。这样一种充满矛盾又充满煽动性的著作取得了成功。读者不可能对他的书中的各处洞见熟视无睹，但又不知如何评价他的最终结论。就这样，这本书以一种意想不到的方式取得了成功。

　　这本书的成功让熊彼特松了一口气。在二十年后，他终于又重新获得了学术界内外的关注。但是在这本书之后，熊彼特也深切地感受到与这个时代的距离。虽然他同样也是新古典经济学的鼓吹者，但他同时具备的对左翼思想的关切，无法得到同事的体谅。人们纷纷觉得他落伍和古怪。熊彼特在哈佛的生活，非常寂寞。他自嘲说，人们迫切需要一门新的经济学，但自己已无法胜任这项任务了。

　　仍有很多学生追随熊彼特，但那似乎都只是一种情感的追随，而非思想的追随。熊彼特意识到，自己应该转向另一个长期研究，也是他最终的研究，经济思想史。

　　熊彼特的博学已是上一代人的特征。熊彼特熟悉大量古典语言，仍然阅读大量其他学科的文献，这在 20 世纪 40 年代的美国已经极为罕见。熊彼特自身的学习和工作经历横跨欧陆、英、美等经济学重镇，与许多著名经济学家都有过深入交往。在他意识到经济学的重心正在发生变化，经济学研究内容也在变化时，他没有选择追随潮流，而是往后看，开始写作《经济分析史》。

　　第二次世界大战结束之前，熊彼特就已经着手陆续撰写这部书了。熊彼特并不在乎前人对经济学体系和思想脉络的总结，而且在很多问题上，他的看法与前人都不同。例如亚当·斯密，这是新古典经济学中的圣人，但从欧陆传统来看，似乎没有那么重要。熊彼特读了足够多的书，希望能自己构建一套体系，从古代一直写到当代。

　　熊彼特的最后几年都在不断撰写这本书。他的身体状况迅速恶化，但仍然在生活中保持着贵族作风，以一个鲜亮的形象出现在别人面前。我们现在只能通过《经济分析史》来推测他最后几年的疯狂工作。在这本书里，熊彼特恢复了他的尖锐，一方面引用大量一般认为不属于经济学的文献，另一方面对很多经典经济学作者展开批评。熊彼特的思想史工作也避免不了"辉格史观"的影响，因为他坚持贯彻自己的理论，用理论的方式来评价过去的作者。但他对于过去的时代非常熟悉，掌握了大量的材料，所以即使有所偏见，也不会显得太离谱。所以，最终的《经济分析史》不是一本温和的教科书，而是一本充满思考和判断的理论巨著。

可惜的是，熊彼特的体力没有能坚持到最后。他已经完成了三卷本《经济分析史》的前两卷，最后一卷写到他最有感情的瓦尔拉，却没能写到更晚近的凯恩斯。熊彼特于 1950 年 1 月去世。去世之前，熊彼特还在阅读古希腊悲剧。几年之后，伊丽莎白协助出版了熊彼特未能完成的《经济分析史》。

熊彼特与凯恩斯一样，既可以算是旧时代最后的经济学家，也可以算是新时代最初的经济学家。熊彼特身上背负的传承极为复杂，既有新古典经济学，也有奥地利学派、历史学派甚至马克思主义的思想。但是熊彼特把它们熔为一炉，向后来的学者推出一套综合性的以新古典经济学为核心的理论体系。

熊彼特自己并没有完成新古典综合的重任。这项工作最终还是由其弟子萨缪尔森完成。但熊彼特的思想庞大而深邃，对后来经济学很多学问的发展都有影响，至今也仍有一批人以"新熊彼特主义者"自居。

17

米塞斯：
自由主义理论

米塞斯小传

路德维希·冯·米塞斯（1881—1973），著名奥裔美籍经济学家，奥地利学派代表人物之一。米塞斯1881年出生于奥匈帝国，1900年进入维也纳大学求学，深受门格尔与庞巴维克的影响，开始学习经济学。米塞斯很快就成为最为坚定的奥地利学派主义者。1909年至1934年间，米塞斯在维也纳大学以私人讲师的身份授课，同时他也在维也纳商会担任秘书。一战结束后，米塞斯撰写了大量经济分析论文。1934年，米塞斯为了躲避纳粹而逃至日内瓦，并于1940年来到美国。米塞斯在美国从没有找到正式教职，但是他坚持私下授课，培养了一大批学生，把奥地利学派带到了美国。1973年，米塞斯在纽约去世。

米塞斯的著作很多，其中最著名的是1949年出版的《人类行动》，系统性地阐释了奥地利学派的思想，并将其运用到各个方面，堪称奥地利学派的圣经。

米塞斯与熊彼特、马克斯·韦伯等学者都是同辈人，生长在奥匈帝国日薄西山、不断衰落的环境里，充分体会到弥漫在

147

整个欧洲的悲观情绪。但米塞斯接触到奥地利学派和庞巴维克以后，彻底为奥地利学派所折服。后来，米塞斯可以说独自一人扛起了奥地利学派的大旗，并且把奥地利学派的思想传到美国，传遍世界。虽然随着新古典经济学日趋繁荣，奥地利学派早已被边缘化。但奥地利学派经济学今天传承未绝，在美国和欧洲的个别大学里仍有一脉传承，这与米塞斯的功劳密不可分。

1881年9月，米塞斯生于奥匈帝国的莱姆堡。按今天的地理划分，该地区已属于乌克兰。米塞斯的父亲是工程师，有一定的文化，但也称不上世家。米塞斯1900年进入维也纳大学攻读法律与政治科学。早期的米塞斯并未表现出对理论的热情，反倒阅读了大量欧洲历史，这也是奥匈帝国当时的主流学术方法。

19世纪末，欧洲奥匈帝国的主流学术就是烦琐考据、陷于书海的历史学派，以经济史家施穆勒为偶像，方法论上极为陈旧。米塞斯在维也纳大学接受了这一套训练，觉得索然无味，直至偶然遇上名师庞巴维克。后来米塞斯回忆说，"德国历史学派没有提出过哪怕一种思想，所以在科学史上，历史学派连一行字都没有留下。"这种说法固然太夸张，却也带有典型的米塞斯烙印。

1903年，米塞斯读到奥地利学派创始人门格尔所著的《国民经济学原理》，大为触动，对经济学产生了兴趣。他开始去听门格尔以及庞巴维克的课。但是米塞斯很冷静，从未表现出对庞巴维克或其他奥地利学派领袖的崇拜，只是逐渐确立了对奥地利学派"方法论的个人主义"的信心。

庞巴维克是奥地利学派承前启后的关键性人物。他秉持了奥地利学派开创者门格尔的演绎思维模式，对当时如日中天的马克思《资本论》提出批评。初创的奥地利学派远非主流，所以参加庞巴维克讨论班的人并不多，但日后其中倒是涌现出多位经济学大师。当时课堂上比较活跃的两个学生是青年马克思主义者鲍尔与希法亭，都抱着捍卫马克思的决心来向庞巴维克发起挑战。

庞巴维克未必完全说服鲍尔与希法亭，但至少对他们产生了重要影响。鲍尔在 1918 年奥匈帝国解体后担任外交部长，坚决反对奥地利走十月革命的道路。鲍尔努力在左右之间做着平衡，直到 1934 年纳粹势力崛起才不得不流亡巴黎。米塞斯感慨，正是当时鲍尔"克制的态度成了决定维也纳命运的关键因素"。而希法亭后来写出《金融资本》得到列宁赞誉而名声大噪，被认为是"第二国际权威理论家"。希法亭在后来从政期间坚守改良主义，延缓了奥地利陷入灾难的时间表。当时，米塞斯在课堂上只是冷静地学习。

1906 年，米塞斯获得维也纳大学的博士学位。此后他在维也纳商会工作，有一段时间也在维也纳大学担任编外讲师，无薪，收入完全来自学生学费。他借鉴前辈的做法，开始举办私人性质的学术讨论班。米塞斯很懂政治，但并不想从政，只想继承和发扬庞巴维克传统，在大学里授课和开设讨论班。米塞斯这个编外讲师，以私人的名义开设讨论班却引来大量年轻人。米塞斯在维也纳的讨论班坚持了十几年，成为日后蓬勃壮大奥地利学派的摇篮。从名单来看，经常参加讨论班的不仅有哈耶克、马克卢普、摩根斯坦恩等后来成名的经济学家，甚至还吸引来现象学家舒茨、历史学家沃格林以及社会学家马克斯·韦伯。

1929 年，美国经济大萧条爆发，很快传递到了欧洲。欧洲经济原本就不振，在美国经济危机冲击的叠加下，经济更是雪上加霜。米塞斯对欧洲现实状态失望透顶，同时也感受到纳粹思想在欧洲兴起，于是在 1934 年移居日内瓦，担任日内瓦国际问题研究院教授。到 1940 年，纳粹德国占领欧洲，米塞斯不得不移居美国。

米塞斯终身保持了举办私人讨论班的习惯，不论身在维也纳还是纽约。很多著名经济学家如哈耶克、摩根斯坦、马克卢普和罗森斯坦·罗丹等都曾在不同阶段参与过米塞斯讨论班，获益匪浅。

韦伯很早就读过米塞斯的著作，颇为赞赏。米塞斯更是对这个前辈极为敬佩，两人在"一战"后才有机会碰面，相见恨晚。米塞斯甚至想过将韦伯的经验方法用于自己的研究，更明确地反对德国社会科学家。后来米塞斯发现已有不少人用韦伯的术语建立起一套平行于经济学的社会科学，即社会学，那才作罢。

不管怎样，韦伯使得米塞斯相信，在社会科学中确实有一门完全与历史不相干的独立学科的存在，那就是经济学。这门学科处理的是现实世界，而非理想世界，所以实证主义应该成为它的核心方法论。不管奥地利学派后来怎么演变，至少在 20 世纪 20 年代，这是所有奥地利学派学者的共识，连向来立场暧昧的熊彼特也完全赞同。

从这时起，米塞斯开始深入研究货币和商业周期问题。第一次世界大战刚刚结束，奥匈帝国已经瓦解，政治仍然动荡，经济凋敝衰落。米塞斯为奥地利赔偿委员会工作，深知奥地利经济危机的根源在于货币问题。他组织定期的讨论班，一同研究货币问题，哈耶克也是讨论班的常客。从事后来看，远在英国的凯恩斯同时也埋首于货币理论研究，这绝非偶然。这些思想家都没有为战争结束而欢欣鼓舞，而是更多地从当前的经济危机中感受到未来更深重的危机。

美国经济大萧条期间，米塞斯思想上的敌人逐渐变成那些掌握财政大权的保守经济学家，例如财政部长黑尔弗里希。随着施穆勒的去世，历史学派在德国式微，更多经济学家开始接受英国新古典经济学和边际分析方法。但是新古典经济学在货币问题上的认识，还停留在数十年前密尔经典著作的水平上。密尔是货币中性论的拥趸，认为货币发行不会对实体经济造成影响，当时主流的德国经济学家基本也是如此认为的。

20 世纪 30 年代，米塞斯开始研究货币问题。他的思考最早是沿着维塞尔起步。在他早期著作如《货币与信用原理》中，仍然能看到一些维塞尔的影子。但是随着米塞斯对经济历史和当下状况的研究逐步深入，他不断发现主流经济学家或者"银行学派"在经济政策上的失误，意识到自己必须摆脱"银行学派"，站到另一个更激进且更边缘的"通货学派"中去。他一方面不断地回到门格尔，用门格尔最基础的边际分析方法来反思货币的本质；另一方面，他也在研读经济史，钻研早期法国经济学家坎替隆的《商业性质概论》，坚定了"通货学派"的立场。

在他的学生哈耶克的力邀之下，米塞斯在 1947 年 4 月去瑞士参加了"朝圣山学社"的成立大会。那次会议汇聚了多国政要，还有德国货币改革之父奥伊肯，伦敦政治经济学院的罗宾斯，刚以《一课经济学》成名的黑兹利特，哲学家波普以及来自芝加哥的奈特、斯蒂格勒、弗里德曼等。从现在的视角看，这是一个完全倾向自由主义的阵容。

米塞斯却不这么看。他关心的绝不仅是每个人的总体表态，而是每个人言语思考中可能的干预主义倾向。因此当他在会场上不断听到诸如宗教在自由社会的价值、工会的作用和政府如何影响收入分配等论题时，终于拍案而起。绝大多数人都是复杂的，米塞斯当然不是不懂这个道理。但他仍然以这种决绝的态度来捍卫自身的理念，没有丝毫妥协。

1940 年，米塞斯移居美国。到了美国之后，米塞斯没有在大学里找到合适的长期职位。当时他的很多学生都已在美国大学任教，积极帮他联系工作，但一无所获。美国大学的经济系正盛行凯恩斯主义经济学，所以没有哪所大学愿意聘任坚定反对凯恩斯主义的米塞斯。最终，米塞斯移居纽约，在纽约大学担任一个不领工资的访问教授虚职。即便如此，米塞斯在此期间也写出了《官僚体制》等名作。

虽然工作不尽如人意，但米塞斯仍然坚持举办讨论班，重新汇聚一批学生，也吸引了不少赞成自由主义的美国青年。后来，这批学生中的很多人都成为新一代美国奥地利学派的领军人物，在美国延续奥地利学派的香火。"二战"后，米塞斯专心写作，笔耕不辍，于 1949 年出版了巨著《人的行为》。这本书体系严谨，卷帙浩繁，从奥地利学派的方法论扩展到各类具体问题，无所不包，可谓奥地利学派的百科全书。

年过七旬的米塞斯已经习惯整个社会对他的排斥和无视，变得越来越平静。他的兴趣转入历史和方法论等根本问题，又陆续写出《反资本主义心态》（1957）、《经济科学的终极基础：论方法问题》（1962）、《奥地利学派经济学的历史背景》等著作。

这种"宁折不弯的诚实"，是认识米塞斯思想和奥地利学派的重要切入点。米塞斯的所有结论都是采用"人的行为学"方法演绎而出，具有高度一致性。米塞斯坚持自己的方法和结论，甚至不惜得罪朋友，他在朝圣山会议上的离场就是很好的例证。在哈耶克看来，参加朝圣山会议的学者，包括弗里德曼等芝加哥学派主流学者，都是奥地利学派的同路人。可米塞斯认为，芝加哥学派的方法论与自己截然不同，他们只是偶然获得与自己相似的结论，并不能保证下一次仍然类似，更不是同路人。

也正是米塞斯这种顽固精神，逐渐赢得后来学者的敬重。这几十年来，米塞斯在奥地利学派信徒心目中的地位不断提高。大家在米塞斯一系列著作尤其是《人的行为》中，学到一整套逻辑严密的分析体系，这就是正统奥地利学派的精髓。这套高度一致的理论不会随着社会、经济的变迁而过时。与之相反，随着历史发展，米塞斯的理论逻辑会越来越展现出迷人的光彩。

从奥地利学派的整个脉络来看，米塞斯是承上启下最重要的一环。但时至今日，我们所说的奥地利学派，实则已变成一个极为模糊的概念。不管是罗宾斯、熊彼特这样的前辈大师，还是我们平时所使用的经济思想史教科书，一般从两个维度来描述奥地利学派。

第一种论述，认为门格尔与杰文斯、瓦尔拉一同开创了"边际革命"，用边际分析取代传统的价值分析，从而为新古典经济学奠定基础。单纯从时间来看，此说并无问题。但从内容来看，不论是杰文斯的方法还是瓦尔拉的一般均衡思想，都实实在在嵌入到日后的新古典经济学之中，而门格尔的归算理论却自成一格，与新古典经济学的框架大有不同，其实是貌合神离的。

第二种论述，现在看来可能更为重要，就是把奥地利学派作为德国历史学派的对立面来看待，从他们抽象的方法论角度加以界定。门格尔的主要身份不再是边际革命三位创始人之一，而是奥匈帝国讲台上历史学派教父施穆勒的论敌。门格尔与施穆勒有关于方法论的好几个回合的争论，存在根本分歧而无法调和。演绎的方法论以及个人主义变成判断奥地利学派的重要标志。德国历史学派主导德国学界大半个世纪，而奥地利学派直到 1900 年前后才逐渐为人所了解。

从门格尔到庞巴维克，奥地利学派的学术传承非常清晰。门格尔另一弟子维塞尔的气质与庞巴维克截然不同，不喜辩驳但好学深思，在那场方法论大争论中一举成名，所以也被公推为奥地利学派第二代代表。在他们之后，奥地利学派的传承就变得有点模糊不清，米塞斯、哈耶克和熊彼特都在一定程度上继承了门格尔的思想。但随着奥匈帝国解体，他们很快散落四方，不再是一个经常能够聚会的团体。米塞斯曾很明确地表示，自 1921 年门格尔去世，奥地利学派就此告一段落。

但是米塞斯、哈耶克和熊彼特后来都陆续到了美国，在不同地方教书，产生极大影响，也培育出不少出类拔萃的弟子。他们都不曾亲炙于门格尔，但通过深入学习后都对奥地利学派的宗旨坚信不疑。他们也出版了大量作品，使得奥地利学派能在新古典经济学几乎一统天下的美国奇迹般地存活下来。随着哈耶克获得诺奖，美国奥地利派学者的研究工作也逐渐获得承认。

到了今天，从经济学的整个学术发展脉络来看，奥地利学派并非主流，它的极端自由主义也并未被大部分经济学家所接受。但是它仍是一种富有生命力的学说，持续给今天很多经济学家提供思想的养分。

18

哈耶克：
知识在社会中的运用

哈耶克小传

弗里德里希·奥古斯特·哈耶克（1899—1992），著名经济学家、政治哲学家，奥地利学派代表人物之一，诺贝尔经济学奖获得者。1899 年出生于维也纳，在维也纳大学求学时，受到门格尔、维塞尔以及米塞斯的影响，开始研究奥地利学派经济学。1927 年，哈耶克创办了奥地利商业周期研究中心。1931 年，哈耶克前往伦敦政治经济学院任教，直到 1950 年，在此期间出版了《通往奴役之路》等重要著作。1950 年，哈耶克前往芝加哥大学社会思想委员会任教，研究逐渐转向政治哲学。1962 年以后，哈耶克又回到德国弗莱堡大学任教，直至退休。1974 年，哈耶克获得诺贝尔经济学奖。1992 年，哈耶克去世。

哈耶克著作等身，早年的著作偏重经济学，后期的著作逐渐转向政治哲学，其中影响最大的是 1944 年出版的《通往奴役之路》。

哈耶克是最为外人所知的经济学家，1974 年获得诺贝尔经济学奖，他在第二次世界大战期间出版的《通向奴役之路》也是西方关于自由主义最畅销的著作。但是哈耶克这一生的经历非常复杂，思想也有极为丰富的面向。他出生于奥地利学派的环境之中，深得米塞斯的器重。但是中年之后，他的思想又转向了政治哲学，逐渐离开了主流经济学所涉及的范畴。我们需要很仔细地检视一遍他的生平经历。

1923 年，哈耶克在维也纳大学获得经济学博士学位，然后赴纽约短期研究美联储的运行。1927 年，奥地利成立了经济循环研究所，年轻的哈耶克担任所长。他的研究方法是典型的奥地利风格，注重货币理论、均衡分析和动态分析，而不被短期经济增长所迷惑。1930 年，剑桥的著名经济学家凯恩斯出版了《货币论》，引起学界关注。哈耶克完全不赞同凯恩斯的货币理论，从而引发了一场著名的争论。

伦敦政治经济学院的罗宾斯教授亦是凯恩斯的论敌，因此他在 1931 年把哈耶克聘请到英国，共同批判凯恩斯。哈耶克在伦敦政治经济学院做了 4 场主题演讲，介绍了以维克赛尔为代表的自由主义货币思想以及奥地利学派分析经济周期的工具。这些演讲后来结集为《价格与生产》，哈耶克所使用的方法也被称作"哈耶克三角"。1974 年，哈耶克获得诺贝尔经济学奖，委员会认定他的主要贡献正是那本《价格与生产》。哈耶克认为，我们并不可能用货币政策把经济波动完全消除，这只是一个幻想。凯恩斯对此批评十分恼火，双方在几份学报上交手了好几个回合。

此后，凯恩斯决定放弃《货币论》的传统框架，另辟蹊径，用一个新框架更直接地面对当时日益严重的美国大萧条。凯恩斯在很短时间里就写出《就业、利息和货币通论》，于 1936

年出版，风靡学界。罗斯福总统正在推行"新政"，与凯恩斯的积极干预思想不谋而合，大为赞赏，进一步扩大了凯恩斯的影响。而哈耶克当时出于种种考虑，没有进一步参与关于《通论》的讨论。

随着《通论》的出版，在一批追随凯恩斯的青年经济学家的努力下，凯恩斯理论迅速地形式化，成为后来的宏观经济学的基础。在以后的三四十年里，凯恩斯主义一直是欧美各国的主流宏观分析工具。直到今天，凯恩斯主义仍然是宏观经济学的重要组成部分。而哈耶克所属的奥地利学派并不承认微观、宏观经济学的两分，他们的分析工具没有被形式化，今天已经很少被人提起。

但是我们并不能说哈耶克与凯恩斯之争以哈耶克失败而告终。事实上，今天的主流宏观经济学可以明显地分为凯恩斯主义与新古典主义两派，新古典主义者还隐隐有占据上风的趋势，两派的分歧恰恰在于对经济周期的看法上。新古典主义者的思想来源与哈耶克并不一致，但殊途同归，实际立场与哈耶克非常接近。所以哈耶克与凯恩斯之争，实际上开启一个重要话题，今天仍具现实意义。

哈耶克参与的另一场著名争论，就是他与社会主义者之间的"计划经济大论战"。20世纪30年代后期，"计划"在欧洲逐渐成为时髦概念。许多费边社的学者都认为，经济发展需要一条非左非右的"中间道路"，核心是政府接管经济活动，减少市场波动的影响。许多知名科学家出于对个体理性的不信任，也都主张中央计划经济。

其实早在 20 世纪 20 年代，米塞斯就发表过一篇名为"社会主义制度下的经济计算"的论文，引起激烈的争论。米塞斯用奥地利学派的方法指出，一旦缺失用货币表现的价格制度，就无法确定某种产品的必要性，从而彻底否定社会主义有施行经济计算和最优配置资源的可能性。米塞斯最著名的对手是波兰经济学家兰格。兰格在《社会主义经济理论》的文章中，批评米塞斯混淆了狭义价格（市场上商品交换比例）和广义价格（提高其他选择的条件），认为只有后者才是资源有效配置时必不可少的条件。

这场争论在 20 世纪 30 年代中期被兰格重新提起。而米塞斯已投身方法论研究，不愿进一步参与论战。作为米塞斯的学生，哈耶克当仁不让地成为奥地利学派这一方的主将。此时的哈耶克正在经历所谓"知识论转向"，也将这种新思想引入了论战。1937 年，哈耶克发表了《经济学与知识》，第一次明确提出"不同社会成员所拥有的知识，在经济分析中至关重要"这个观点。在论及计划经济时，他提出市场缺失导致的关键问题不仅是缺乏价格，更缺乏处理分散信息的机制，这一点更难以反驳。1944 年哈耶克出版《通向奴役之路》后，这场争论就基本结束了。

哈耶克与兰格争论的结果，思想史学家已形成比较一致的看法，即哈耶克取得了论战的胜利。近年来披露的一些兰格与哈耶克的通信也证实了这一点。对于研究者而言，哪一方取得胜利并不重要，重要的是哈耶克在米塞斯的基础上提出了新的问题、新的方法。哈耶克的知识理论极富深意，对后来经济学的很多分支都产生了影响。

哈耶克并不是一个战斗性很强的学者。他只是在年轻时偶然地卷入两场争论，一举成名。他与凯恩斯之间还保持了不错的私人关系。当凯恩斯读到《通向奴役之路》后，曾给哈耶克写信表示赞同。哈耶克不希望因为《通向奴役之路》而成为公共知识分子，所以他在1950年离开伦敦政治经济学院，前往芝加哥担任芝加哥大学思想委员会的教授，到晚年才又回到德国弗莱堡。哈耶克在美国的这段时间，是他研究最高产、思想最深邃的阶段，同时也最让人捉摸不透。

哈耶克的研究兴趣并不局限于经济学，还包括心理学、政治哲学、法哲学、思想史以及社会科学方法论。这种广博正是哈耶克的魅力之一。哈耶克当然是奥地利学派的重要成员，但他又绝不仅是一个奥地利学派经济学家。一些米塞斯、哈耶克的传记作者研究了许多奥地利学派学者的生平、性格后，把他们归为两类。一类是思路清晰、观点鲜明、坚决捍卫奥地利经济学原则的人，如庞巴维克、米塞斯；另一类是表达含混却偶有深刻洞见，平时包容兼蓄、关键时毫不动摇的人，如维塞尔、哈耶克。这两类学者不仅个人气质大为不同，思想进路也颇有差异。

哈耶克接替米塞斯参与计划经济论战即是一例。哈耶克与米塞斯的立场并无二致，但哈耶克所用的论证方式却与米塞斯不同。他的知识论源于英国经验主义，并非奥地利学派传统所包含的内容。米塞斯阅读了哈耶克的论文后深感失望，向哈耶克表示，虽然他们都与计划经济作战，但他们两人在此问题上的想法原来完全不同。

朝圣山会议亦是一例。哈耶克赴美之前，曾于 1947 年邀请诸多自由主义的支持者在瑞士朝圣山召开一次大会。参会的既有芝加哥大学的奈特、弗里德曼、斯蒂格勒，也有伦敦政治经济学院的罗宾斯，还有哲学家卡尔·波普等。在会上，米塞斯与芝加哥学派的学者发生了强烈冲突，完全不认同对方的自由主义立场，使得哈耶克颇为尴尬。哈耶克自然明白奥地利学派与芝加哥学派对自由市场的分析方法完全不同，但两派的结论非常接近。米塞斯看重的是方法上的差异，而哈耶克在意的只是结论上的趋同。

所以哈耶克无意坚守奥地利学派的研究范式，而是把目光投向更广阔的研究领域。他在完成《通向奴役之路》后，主要开展了两项研究。一项研究是把过去一篇《唯科学主义与社会研究》中关于人类心智与认识的心理学思想，扩展成一本书；另一项研究是探索古典自由主义秩序的合理性根源。这两项研究的成果分别是 1952 年出版的《感觉的秩序》与 1960 年出版的《自由秩序原理》。

《感觉的秩序》是一本很特别的书，充满心理学术语，极为晦涩，很少被哈耶克研究者关注。在这本书里，哈耶克首次区分了自然秩序与感觉秩序这两类秩序。每个人对外界的感知都不同于自然秩序，但人与人之间却存在共识，能够有效地沟通互动。所以哈耶克认为，"心智是以某种方式发生在有机体内的事件的一种特殊秩序，它与发生在环境中的自然秩序有关，但又不同于这种秩序"。

哈耶克认为，人类的中枢神经系统像一个巨大的分类机器，帮助我们形成了感觉的秩序。我们所体验到的感觉，并不是真实存在，而是各个链接系统相互链接所造成的结果。所谓的心智，归根到底就是许多神经元相互链接形成的巨大网络。哈耶克的这种观点对主流的行为主义心理学提出了挑战，心理学界却从未把他当真。

可是几十年以后，随着神经科学/脑科学的发展，行为主义心理学早已过时。许多神经科学家提出的大脑结构模型与哈耶克不谋而合。这些年来，包括经济学在内的越来越多社会科学家开始关注神经科学的进展，试图通过认识大脑结构为行为科学提供更坚实的基础。冷落多年的《感觉的秩序》反而成为热门的学术前沿。虽然目前神经科学的实验手段尚未达到神经元水平，也就不能断言哈耶克理论的正确性。但哈耶克在半个多世纪前，凭借惊人的思辨能力推想出来的心智模型与今天的研究如此接近，让人不得不佩服。

事实上，哈耶克提出这样的人类心智模型绝非偶然。《感觉的秩序》是他向着微观方向努力的结果，而《自由秩序原理》则朝向宏观方向。哈耶克有潜在的野心，希望构建一整套从微观到宏观的人类秩序的理论基础。

哈耶克再一次从根本性的问题出发展开论述：那些服务于公众福利的制度，为什么能够在它们如此重要和显著的发展过程中，反而没有一个公共意志来引导它们建立？那些被长期实践证明对人类福利意义重大的社会制度，虽然都是人类行为的产物，但绝对不是人类设计的产物。一定有一种巨大的力量超越了人类，那就是自生自发的秩序。

自生自发秩序的必然性可以从哈耶克的知识论角度来论证。社会制度不是有意识的理性设计产物，任何有意识地对演化的社会秩序进行重新设计的企图，必然遭到失败。因为知识本质上根植于社会价值之中，但社会行动者并没有准确意识到这些知识的社会价值。只有自发秩序是由一系列相互联系的因素确定，而这些因素能创造出一种情形：在这种情形下，个人能够根据他们独特的知识形成对他人行为的预期，通过对个人行为进行可能的调适，证明这些预期是正确的。

这种自生自发秩序的基础是个人主义，个人主义的基础是个人知识的独特性。所以个人是一切价值的最终标准。每个人在特定情势下的自我调适，最终形成了整体性秩序。这个自由主义的过程是个人适应性进化的过程，却不是任何人强迫他人或被他人强迫的结果。哈耶克的这个结论与奥地利学派方法论个人主义、苏格兰启蒙运动的个人主义、芝加哥学派的自由主义都很契合，但论证过程都不相同。

自生自发秩序可以给我们很多启发。在《自由秩序原理》中，哈耶克自己就给出了许多应用性的例证，同时从哲学原理和应用实证两方面给出了说明。后来的制度经济学、福利经济学、政治经济学都广泛地借鉴了哈耶克的思想，自生自发秩序也成为经济学里的常用概念。

哈耶克还不肯止步于此。他又花了十多年时间，写出了三卷本的《法、立法与自由》，进一步探讨自发秩序和组织秩序的区别，以及决定它们形成的两种不同的规则。哈耶克把分析范围进一步拓展至法哲学领域，并且从历史维度动态地思考秩序背后的规则演化。哈耶克岁数渐高，思考也更深。他认为秩序和规则无处不在，从动物到人类，从微观到宏观，从经济到政治，皆是如此。无人能轻易识别这些秩序和规则，所以要对个人的自由保持足够的尊重。

哈耶克在 1989 年出版了最后一本书——《致命的自负》，为自己与各式反自由主义理论争辩抗衡的一生做了总结。他仍然从演进的角度解释人类文明的成长过程。与历史相比，每个人的一生都过于短暂，微不足道。对自生自发秩序的人为干预从长期来看注定会失败，可仍有无数人不断试图与之较量，背后动力就是一种"致命的自负"。他于 1992 年平静去世，生前幸运地见证了苏联计划经济的崩溃。

而哈耶克留下的多重遗产也值得我们反思。哈耶克的学生不算多，但其中涌现出很多人才。以华人学者为例，中国台湾经济研究院首任院长蒋硕杰教授就是哈耶克当年在伦敦政治经济学院指导的学生，终身服膺自由主义。蒋硕杰一贯反对通货膨胀、反对各种经济管制以及对市场的人为干预。20 世纪 50年代，他在中国台湾坚持高利率对抗通货膨胀，采用单一汇率，鼓励出口，推动贸易自由化，为中国台湾经济起飞打下坚实基础。

中国台湾哲学家殷海光也是哈耶克的崇拜者，曾将哈耶克的《通向奴役之路》译成中文在台湾出版。殷海光秉持民主自由的精神，对抗强权，在媒体上传播科学方法和个人主义，被称为台湾自由主义的精神领袖。他的学生林毓生后来前往芝加哥，成为哈耶克的关门弟子。林毓生致力于中国思想史的研究，代表作有《中国传统的创造性转化》。

哈耶克进入中国大陆较晚，但影响扩大得极为迅速。自20世纪90年代起，哈耶克的众多著作以及其他奥地利学派的著作陆续被译成中文，无论在经济学还是社会学、政治学和法学等领域，都产生巨大影响，这种影响也将是长期的。

除了这些直接影响外，哈耶克思想对学术研究本身的影响更值得我们回味。不妨对以下几个问题略作探讨。

第一个许多人都关心的问题是实证主义，这也是哈耶克长期与之战斗的对象。由于个人知识的独特性，所以我们对社会秩序的认识必然存在局限。近年来，实证主义在经济学界取得了巨大的进步。许多过去不可测量的因素，随着数据采集手段和数据分析手段的进步，都在一定程度上变得可以测量。所以我们对生活环境的认识比过去深入许多。

但是这一点并未对哈耶克的论述形成挑战。我们对可测量因素认识变得深入，对获得数据的困难性的认识也变得更深刻。许多实证研究都采用了精巧设计，使得研究者得以管中窥豹，对复杂世界有一个片段式的把握，但距离完整认识社会秩序相距甚远。在哈耶克看来，完整认识是一个不可能实现的目标。实证主义发展的必然结果是认清实证主义的局限，从而在终极意义上放弃对实证主义的崇拜。

第二个问题是情境主义的困境，适用于通常说的"理论经济学"研究。经济学理论离不开前提假设，即先要设定特殊情境。在某些情境下，学者们通过精巧工具（如博弈论）已经获得了大量重要结果，但所有结果都依赖于前提假设，即情境。借用波普的话，这些模型都"非常有意义和富于启发性"，但并未构成一个可被证伪的理论整体。大多数经济学家都在不断探索和阐释情境，而没有致力于将其整体化。

哈耶克的工作与之相反，一直坚持整体化的研究，这是哈耶克心目中真正"科学"的研究。不论《感觉的秩序》还是《法、立法与自由》，哈耶克的术语、理论都相互支撑，浑然一体。如果他的知识论被证伪，那么所有其他工作也会轰然倒塌。但哈耶克的研究经受住考验，至今尚无人从他的体系内部作出有效批评。

第三个问题是跨学科研究。哈耶克本身是个极为渊博的人，研究横跨众多领域，受到一致称赞。重要的是，不管哈耶克涉及什么领域，他都有效地保持了理论体系的一致性。当前国际、国内社会科学各个领域的跨学科研究方兴未艾，已有许多精彩的合作成果，但这些研究多半仍依附于某个学科的研究范式，没有超出学科边界、形成综合性的理论。这个标准也许有点高，但哈耶克用他一辈子的努力给我们作出了示范。

19

琼·罗宾逊：
马克思主义与新古典经济学的综合

琼·罗宾逊小传

琼·罗宾逊（1903—1983），英国著名经济学家，后凯恩斯学派代表性人物之一。琼·罗宾逊出生于英国，1922年进入剑桥大学学习经济学，深受凯恩斯的影响，1926年与罗宾逊结婚。1929年，琼·罗宾逊毕业后就留校任教，1965年升任剑桥大学教授，直到退休。退休后，琼·罗宾逊仍不断写作，直至1983年去世。琼·罗宾逊一生只服务于剑桥大学，培养了众多优秀人才。

琼·罗宾逊早期是凯恩斯的忠实弟子，1933年出版了《不完全竞争经济学》，原创性地提出了不完全竞争理论。后期她逐渐转向马克思主义，尝试调和新古典经济学与马克思经济学，引发了与萨缪尔森之间的"两个剑桥之争"。

琼·罗宾逊是一个今天较少被提到的学者。经济学界一直存在隐性的性别歧视，真正出名的女性经济学家很少。琼·罗宾逊堪称20世纪后半期最重要的女性经济学家，很多人预测她会获得诺贝尔奖，可惜最终没有，非常可惜。这里面当然有政治原因，琼·罗宾逊晚年有强烈的左翼倾向。但因此否定她的工作是不正当的，连她的对手萨缪尔森都为她鸣不平。

琼·罗宾逊和她的先生都是剑桥大学的学生。罗宾逊先生早年还在剑桥大学学习古典文学，但是在学习了两年的古典文学之后，就受到马歇尔、庇古、凯恩斯等人的影响，转学了经济学。这在剑桥也并不罕见，马歇尔、凯恩斯都是这种情况。

而琼·罗宾逊的外祖父和母亲都是剑桥大学的教授，她先是在伦敦的圣保罗女子学校学习历史，后来转到剑桥大学学习经济学。罗宾逊夫妻俩学习经济学的原因大体相同。罗宾逊先生曾提到，"我的经济学关心的是改进世界的状态，要让它成为对富人和穷人都是一个更好的地方"；而琼·罗宾逊学习经济学则是"因为想要了解为什么世界上存在着贫困和失业"。这说明他俩学习经济学都是为了解决现实问题，马歇尔当年学习经济学的初衷也是如此，这确实是剑桥的一种重要传统。

琼·罗宾逊成绩优秀，1929 年毕业之后，就开始在剑桥大学任教。很快，1933 年，她就作出了了不起的学术贡献。她在这一年出版了《不完全竞争经济学》，发展出今天我们称为垄断竞争的这一套产业组织理论。但是同一年，哈佛大学的张伯伦（1899—1967）也出版了一本《垄断竞争理论》。两人处理了大量类似的问题，这也是思想史上频繁出现的重复发现的一例。两人同时研究这一问题也并非偶然。完全竞争与完全垄断之间存在巨大的空间，19 世纪的古诺就已研究过其中一些特例。而在 1930 年前后，哈罗德以及罗宾逊先生都做过一些这方面的研究，但做得还不够细致。而张伯伦和琼·罗宾逊则各自把这套理论发展完善，基本得到今天所有产业组织理论的重要定理。

但是张伯伦和琼·罗宾逊两人所使用的术语和分析方法仍有一些区别。仔细比较，今天我们微观经济学中所使用的方法也许更接近张伯伦的工作。张伯伦后来的名气似乎不够响亮，但他在哈佛教授产业经济学，培养出后来实验经济学的创始人史密斯。史密斯进行实验的初衷，也正是用另一种实证的方法来检验张伯伦对市场有效性的探究。

张伯伦非常看重这项研究，一辈子都在继续推进垄断竞争的研究。而琼·罗宾逊在完成这些工作后，很快就转向了凯恩斯理论，对垄断竞争理论彻底失去兴趣。琼·罗宾逊不再研究这套理论的一个可能的原因是，凯恩斯对此没有兴趣。凯恩斯在剑桥有一批忠实的学生，琼·罗宾逊是其中的代表。整个20世纪30年代，琼·罗宾逊都一直在钻研凯恩斯的理论，并且撰写了大量发展凯恩斯思想的文章。但是到了1939年，她发生了巨大的转变，转而开始研究马克思，开始读《资本论》。她说，"结果我发现了许多东西，它的追随者与反对者都未曾料到我会发现它们"。远在美国教书的熊彼特是琼·罗宾逊的好友，也对她的这种巨大转变而震惊。

从"二战"到冷战，欧洲学者的思想与感情都很复杂，但绝大多数人都对斯大林的整肃表示警惕和反思。而感情强烈的琼·罗宾逊却突然强烈地倒向苏联，对美国的政策展开激烈批判。她对苏联的热情，非常接近于她早年对于凯恩斯的崇拜，即使英国左派工党如拉斯基也没有达到这种程度。琼·罗宾逊对密友承认，她的政治信仰与她对国家民族忠诚之间一直存在裂痕，而且这种紧张程度一直在增加。西方注定要没落，而东方注定欣欣向荣，这已经成为了她的人生信念。芝加哥大学的弗里德曼与琼·罗宾逊熟识，也对"这样杰出的经济学家竟然会对苏联的政策进行辩护，大唱赞歌"表示强烈的不解。

"二战"结束以后，英国和美国的经济学都发生了较大的改变，美国经济学的改变尤其剧烈。在英国，凯恩斯已经去世，活跃的琼·罗宾逊以及斯拉法等成为剑桥的主要学者。不过琼·罗宾逊在剑桥一直没有获得教授职位，一直到 1965 年她丈夫退休才接替她丈夫成为剑桥教授。琼·罗宾逊与斯拉法都继承了剑桥传统，同时也都有左翼马克思主义的倾向，他们都尝试着在马克思主义中寻找与马歇尔、凯恩斯理论能契合的点，尝试构建一套能有效综合这几种理论的理论。同时，琼·罗宾逊并不喜欢数学，她的前辈马歇尔、凯恩斯都是如此，他们更喜欢从概念和逻辑上构建理论。

萨缪尔森等学者快速把凯恩斯的思想，完善成为数理化的凯恩斯主义模型，并直接运用到实践中去。而琼·罗宾逊认为，那些宏观变量并不能简单地套用生产函数进行解释乃至于计算。新古典生产函数只能用于单一产品模型中，而不能用于两个部门以及多部门的模型中，不同部门的生产不能简单予以加总。而萨缪尔森的同事索洛后来回应说，运用一般均衡理论就可以避免英国人追究的宏观变量加总问题。但英国学者继续攻击说，在一般均衡理论中不存在统一的利润率，所以仍然不能使用加总的宏观变量。

以琼·罗宾逊为代表的英国剑桥学派向左倾，尝试从马克思那里寻找资源来拓展凯恩斯的分析；而以萨缪尔森为代表的美国剑桥学派向右倾，尝试从新古典经济学的资源里挖掘可以支持凯恩斯的思想。这就是经济思想史上著名的"两个剑桥"之争。

总体而言，琼•罗宾逊等人确实指出萨缪尔森等人的宏观经济学的致命缺陷。即使使用一般均衡模型，也不能回避加总问题，即所谓宏观经济学微观基础问题。但琼•罗宾逊与斯拉法希望通过李嘉图和马克思寻找"价值尺度"从而构建逻辑一致的宏观经济学的目标也没能实现，他们所构建的理论也面临新古典宏观经济学一样的困境。1983年，琼•罗宾逊和斯拉法在同一年去世，两个剑桥之争不了了之。

在这个时间段里，芝加哥大学的卢卡斯已经发展出一套形式上与萨缪尔森不同的宏观经济学分析工具。从某种意义上说，卢卡斯解决了宏观经济学的微观基础这个著名的难题。如此一来，两个剑桥之争也没必要延续下去，经济学家要转向更有挑战性的新的难题。

萨缪尔森：
现代经济学的体系

萨缪尔森小传

　　保罗·萨缪尔森（1915—2009），美国经济学家，诺贝尔经济学奖得主，新古典综合派代表人物。萨缪尔森出生于美国，16岁进入芝加哥大学求学，后转入哈佛大学，师从熊彼特。从哈佛毕业之后，萨缪尔森执教于麻省理工学院，1947年成为教授。1948年，萨缪尔森出版教科书《经济学》，成为历史上最畅销的经济学教科书。萨缪尔森还曾担任肯尼迪与约翰逊总统的经济顾问，并于1970年获得诺贝尔经济学奖。2009年，萨缪尔森去世。

　　萨缪尔森一生发表了数百篇论文，涵盖了现代经济学几乎所有领域，可以说重写了整个经济学。而他最有影响的著作，还是面向初学者的教科书《经济学》，被翻译成四十种语言，在全球销售了数百万册。

　　1915年，萨缪尔森出生于美国印第安纳州的一个波兰犹太移民家庭。1935年，他毕业于芝加哥大学，随后获得哈佛大学的硕士学位和博士学位，此后就在麻省理工学院担任经济学教授，并且成为麻省理工学院研究生部的创始人。萨缪尔森发展了数理和动态经济理论，将经济科学提高到新的水平，是当代凯恩斯主义的集大成者。他可以说是当代经济学界的世界级巨匠，研究的内容十分广泛，涉及经济学的各个领域，也是世界上罕见的通才型学者。

1936 年，萨缪尔森获得了哈佛硕士学位。他的导师熊彼特从未见过如此天才的学生，欣喜不已。但熊彼特不以数学分析见长，就鼓励萨缪尔森向哈佛另一位重要学者阿尔文·汉森求教。萨缪尔森被汉森收作助手，这使他对各种学派的研究更为深入。他不断地探究汉森的思想，同时也为自己选择研究的主攻方向，很快就发现了凯恩斯并成为凯恩斯主义的信徒。他认为，凯恩斯主义是在从 1929 年 4 月的美国华尔街股票暴跌开始到 1933 年基本停止这一遍及资本主义世界的经济危机的历史背景下产生的。因此他决定从当时社会上亟待解决的难题——投资与就业问题入手，来研究凯恩斯主义。很快他就成为凯恩斯主义在美国的主要代表人物，影响力甚至超过了他的老师汉森。

萨缪尔森在 1941 年获得博士学位。由于他在 1937 年就加入哈佛大学的"学者协会"，萨缪尔森获得硕士和博士学位之间隔了五年的时间。按照萨缪尔森对自己的高标准、严要求，这是不寻常的。学者协会是哈佛博士项目的补充，给学生提供了探索任何他们感兴趣的研究课题的机会，期限为三年，条件是这期间禁止写博士论文。萨缪尔森在这几年里钻研凯恩斯的思想，并逐渐形成了用数理工具重新构建凯恩斯主义的想法。

哈佛学术传统非常保守，萨缪尔森的犹太人身份背景为哈佛同事所不容。萨缪尔森决定去麻省理工学院任教。他的恩师熊彼特伤心至极，甚至也想离开哈佛，终于为众多同事、学生所挽留。1940 年，尚未毕业的萨缪尔森就受聘到麻省理工学院任教。萨缪尔森到了麻省理工学院以后，发现在这里拥有极大空间，极大自由。萨缪尔森才思泉涌，论文盈千累百，编辑要排发都来不及。

1941 年，萨缪尔森发表了《经济理论运算的重要性》，这是他的博士论文，获得了哈佛的威尔斯奖。这篇论文也是他在 1947 年纪念凯恩斯逝世一周年时出版专著《经济分析基础》的雏形。萨缪尔森完全以物理学观点和古典数学方法来引证、推理，因而该文被认为是数理经济学具有划时代意义的著作。萨缪尔森认为，由于各种不同理论的主要特征之间存在着相似性，这就意味着作为各种特殊理论的基础，并且将其统一起来的一般理论存在。因此，萨缪尔森该文的目的就是基于这种由抽象到一般化的基本原理，详细论述其对理论经济学和应用经济学的意义。

萨缪尔森通过将每一个经济学问题都重新定义为给定条件下的最优化问题，从而宣告数理经济学理论时代的到来。萨缪尔森提出"比较静态方法"这个重要的分析工具：涉及对两种均衡状态的比较，一种均衡用给定的一组数据集合来定义，例如偏好、初始禀赋、技术替代性等；另一种均衡用一组除了一个变量外其他变量都相同的数据集合来定义。例如，假如两个经济体在劳动力数量上存在差异，比如大量劳动力流入进来，此时应该何进行比较？这种方法既是比较的，也是静态的。萨缪尔森认为，必须假定由于一个变量发生变化所导致的经济体的总体调整，最终会准确收敛到一个已经被规定与这一过程独立的新均衡上。这其中隐含的假设是，任何均衡都是稳定的，对这一均衡的偏离将会被经济人的行为所纠正。萨缪尔森非常擅长这种分析方法，并将它广泛运用到国际贸易、公共产品理论等议题当中，都取得了很好的效果。

1948 年，萨缪尔森又出版了他最有影响力的教科书《经济学》。这本书一出版即脱销。许多国家的出版商不惜重金抢购它的出版权，它很快被翻译成日、德、意、匈、葡、俄等多种文字。萨缪尔森曾说："假如我能够为这个国家写作经济学教科书的话，我才不关心是谁起草一个国家的法律。"这成为了他的一个为人所熟知的口号，也成为了他辉煌人生中的一个注脚。

萨缪尔森几乎在经济学各个方面都做出了卓越的贡献，而《经济学》教科书包含了新古典经济学和凯恩斯主义，形成了完整的微观经济学和宏观经济学体系，真正体现出萨缪尔森所追求的"新古典综合"特征。

同时，萨缪尔森在美国现实经济的运作中也产生了很大影响。1961 年，学生时代就读过《经济学》的肯尼迪，热情邀请萨缪尔森帮他制定总统竞选的经济纲领。萨缪尔森为肯尼迪提出了"以减税对抗萧条"的凯恩斯主义方案。肯尼迪入主白宫之后，又聘请萨缪尔森出任经济顾问委员会主席，却被学者本色的萨缪尔森拒绝了。但是肯尼迪政府根据萨缪尔森观点制定的"肯尼迪减税方案"，有力地拉动了美国 60 年代的经济。

作为一个凯恩斯主义者，萨缪尔森并不信奉绝对的自由主义市场经济。他认识到，真实市场上的约束条件错综复杂，很多时候必须得有政府干预和宏观调控。理论和实际总有差距，书斋里的经济学家不见得能处理好真实经济问题。真实经济经不起试验，错误的政策建议会导致严重后果。所以虽然萨缪尔森的理论被广泛运用于提供政策建议，他本人却一直以学者自居，静坐书斋，与政策制定部门保持一定距离。

萨缪尔森这一辈子发表了不计其数的学术论文，涉及微观经济学、宏观经济学、金融学、国际贸易等各个领域。后人总结他的主要贡献包括：

第一，提出"显示性偏好"理论。他认为基数效用论和序数效用论都有缺陷，不足以解释消费者行为。他提出当 A 物品与 B 物品价格相等或 A 物品价格高于 B 物品时，消费者则仍然选择 A 物品，这就是他对 A 物品的显示性偏好。从这种偏好出发来研究消费者行为就有了更为扎实的基础。显示性偏好的概念成为现代微观经济学的基础概念。

第二，建立了乘数—加速模型。加速原理是指产量增加对投资的影响，乘数原理是指投资增加对产量的影响。萨缪尔森把这两个原理结合起来，建立了一个解释市场经济中经济周期原因的模型。这个模型说明了，在完全市场调节的情况下，由于加速原理和乘数原理的相互作用，扩张期，投资具有正加速的效果；衰退期，反之。经济自发地出现繁荣与衰落的交替，证明了市场经济中经济周期的必然性。这个模型至今仍是经济周期的经典性解释之一。

第三，证明了赫克歇尔—俄林定理成立的条件。这个定理是比较成本理论的重大发展，其创立者之一俄林曾获 1977 年诺贝尔经济学奖。萨缪尔森证明了这个定理发生作用要基于四个条件：贸易双方有相同的生产函数；在有效的生产要素的价格比例之下，生产不同产品的生产要素的密集度的关系不变；生产规模改变时，收益不变，生产规模不变时，收益递减；在有效的商品价格比例之下，贸易国的消费结构不变。在具备上述条件的完全竞争市场上，赫克歇尔—俄林定理是正确的。这是战后国际贸易理论的重要发展之一。

第四，对资本理论的发展。萨缪尔森针对剑桥学派对新古典经济学的挑战，提出了替代生产函数和反帕西内蒂定理。这对战后资本与增长理论都有重大影响。

第五，替代定理。这里的替代是指生产中生产要素的替代。这个定理说明了增长理论的重要问题。各部门的产品价格仅仅由供给条件决定，与需求情况无关；如果原始投入包括流动和耐用资本品两种，那么，在任何一种利率之下，各部门产品的长期价格由供给条件决定，与需求无关。这是新古典生产理论的重要发展。

第六，公共物品与效率的关系。萨缪尔森用处理外部性的方法来处理公共物品引起的资源质量问题，证明了公共物品的条件与消费者的公共物品与私人物品的边际替代率等于这两种物品的生产边际转换率。这对福利经济学和政府公共物品供给决策都有意义。

第七，建立了国际贸易中的斯托尔珀—萨缪尔森定理。这个定理指关税保护对实际工资的影响，即一种商品相对国内的价格提高（无论是由于关税提高还是其他原因），必然会提高该商品生产中相对密集地使用的生产要素的实际价格。

1970 年，还是早年出版的《经济分析基础》帮助萨缪尔森赢得诺贝尔经济学奖，他也是获得诺贝尔经济学奖的第一个美国人。评奖委员会说："在提升经济学家理论的科学分析水平上，他（萨缪尔森）的贡献要超过当代其他任何一位经济学家，他事实上以简单语言重写了经济学理论的相当部分。"

21

纳什：
博弈论

纳什小传

约翰·纳什（1928—2015），美国经济学家、数学家，诺贝尔经济学奖得主，博弈论的奠基者。纳什1928年出生于美国，后进入普林斯顿大学攻读数学博士，在博士论文中提出"纳什均衡"的重要概念，从而成为博弈论的奠基者。1959年以后，纳什出现了精神分裂，无法继续学术工作。但在1970年代以后，纳什的病症逐渐好转，重返学界，并于1994年获得了诺贝尔经济学奖。2015年，纳什夫妇因车祸意外身亡。

纳什年轻时的工作时间并不长，但他在两篇短文中分别提出了"纳什均衡"与"纳什讨价还价"的重要概念，成为后来非合作博弈理论与合作博弈理论的基石，使得博弈论在此基础上发扬光大。

20世纪40年代，美国正和日本打得不可开交。美籍匈牙利裔的天才数学家冯·诺依曼开始把精力转向应用数学，研究诸如导弹弹道、气象预测、密码破解、计算机等问题。冯·诺依曼在研究这些问题的间歇，也开始琢磨战争中各方实际可能的策略选择。1944 年，冯·诺依曼与经济学家摩根斯坦合作，出版了一本叫作《博弈论与经济行为》的书。他敏锐地将策略行为的局面抽象出来，称之为"博弈"（game），也是游戏的意思。

两个人下棋，这是博弈。两个人谈生意，这也是博弈。在我们的日常生活中，人与人之间的大量互动行为都可以用"博弈"来表示。冯·诺依曼发现，在两个人的零和博弈中，博弈中的任何一方，如果对每种可能的博弈策略都考虑可能遭到的最大损失，从而在"最大损失"中选择损失最小的一种策略，那就是最优策略。从统计角度看，也可以确保这种策略是全局最优的。冯·诺依曼的这个发现被称作"最小最大定理"，也是当代博弈论的出发点。

不过，冯·诺依曼只是解决了两人零和博弈问题，就是"你得就是我失，你失就是我得"这样的局面。如果参与博弈的不止两个人，而是有更多人，博弈就不是简单的零和博弈，冯·诺依曼的方法就无能为力了。

对此，冯·诺依曼的解决方案是，假定多方会互相结盟，最终就把局势简化成两人零和博弈。但是这里又存在一些基本困难：当你作为群体的一部分与对方群体博弈时，你既要考虑对方群体的策略，又要考虑与己方队员的协调。这两者之间会相互影响，未必能找到最优策略。

就是在这样的背景下，约翰·纳什进入了"博弈论"这个新领域。纳什在本科时写过一篇论文，后来也发表了，其中就涉及后来被称为"合作博弈"或者"纳什讨价还价博弈"的基本思想。合作博弈与非合作博弈现在是博弈论的两大分支，纳什在这两方面都作出了奠基性的贡献。

纳什的这个发现非常重要，后来的经济学基本就是沿着纳什均衡的思想发展下去，现在几乎所有经济学家都承认，纳什均衡是经济学基础的基础，颁个诺贝尔奖一点都不过分。

终于，在 1994 年，纳什获得了诺贝尔经济学奖。他早就应该获奖，但委员会要确保纳什精神清醒、能够对获奖致辞才能把奖发给他。因为早年提出了"纳什均衡"后，纳什很快就陷入了精神分裂的疾病中，无法继续工作，直接到 20 世纪 90 年代才逐渐恢复。获得诺奖后，纳什继续在普林斯顿工作，并且与照顾他多年的前妻复婚。但是在 2015 年，纳什夫妇在去欧洲领取一个重要奖项后返回美国，在机场回家的路上遭遇车祸，双双遇难，结束了纳什传奇的一生。

我们不妨通过最经典的"囚徒困境"博弈来介绍纳什均衡的思想。有两个共谋的囚徒被关入监狱，分开关押，不能互相沟通情况。审讯的时候，这两个囚徒会面临三种情况：第一种情况，如果两人互相揭发，警方就会获得供词、证据确凿，那么两人都会被判刑八年；第二种情况，如果其中一人揭发，而另一人沉默，那么揭发者就会因为立功而立即获释，沉默者则会因拒不配合而被判坐牢十年；第三种情况，如果两个人都沉默、不揭发对方，那么警方就会证据不足，两个人都被判刑一年。如果你是其中一名囚徒，你会选择揭发对方，还是保持沉默？

对于囚徒来说，他深知最优解就是两人都保持沉默、互不揭发，这样两人都只会坐牢一年。但是由于囚徒是分开关押的，他们不能互相沟通情况，因此无法确定对方会不会同样保持沉默。"如果我沉默，而对方想要马上获释而选择揭发我，那么我就要为此坐牢十年，这就太不公平了。而如果我揭发，对方保持沉默，我就可以马上获释了。"

正是由于囚徒之间的互相不信任，因此他们会倾向于互相揭发，而不是同守沉默。这个结果就是"纳什均衡"。纳什的这个发现非常重要，成了后来经济学发展基础的基础，之后的诺贝尔奖得主的研究工作，有不下 20 个都与博弈论有关，也就是同纳什有关。

博弈论是一种分析方法，一种工具。但它具有极大的灵活性，可以运用到经济学的各个领域。比如说，产业组织，这主要是研究一个产业内不同企业关系的学问。产业组织是一个很古老的研究领域，后来玩不出什么新花样，研究者就慢慢少了。

但有了博弈论之后，产业组织的面貌焕然一新。大家发现可以把不同企业之间的关系描述为博弈，因为大家都是既竞争又合作，既不可能一心一意，也不必总是你死我活，而是争取在这之间找到一个平衡点，而这个平衡点就是纳什均衡。所以，很快有学者用博弈论把产业组织涉及的问题都重写了一遍，这个领域就活了过来。

同样的道理，掌握博弈论这门最新武器的学者变得野心勃勃，开始进军其他各个经济学领域，比如机制设计理论、公司金融理论、契约理论和拍卖理论。所有这些新古典经济学的新兴分支，其基础都是博弈论。

　　纳什本人可能并不是很关心博弈论在这些经济学分支领域的应用。但是每次经济学家讨论问题时，核心目标就是寻求其中稳定的"纳什均衡"。因此，纳什的名字会被经济学家永远地铭记下去。

22

索洛:
长期增长理论

索洛小传

　　罗伯特·默顿·索洛（1924—），著名美国经济学家，诺贝尔经济学奖得主。索洛1924年出生于纽约，"二战"期间服兵役，战争结束后进入哈佛大学学习经济学，导师是研究投入产出模型的里昂惕夫。索洛博士毕业后就执教于麻省理工学院，1958年升任教授，1987年获得诺贝尔经济学奖。

　　索洛兴趣广泛，而最重要的研究成果是对于经济增长问题提出一个基础模型，被称为"索洛模型"。这个模型可以有效描述劳动、资本和技术进步如何推动经济增长，为这个领域的发展奠定了基础。

　　自古典主义学者开始进行系统性的经济分析起，增长和发展就已经进入经济学的中心议题行列。然而其实质内容随着时间流逝已经有了相当大的变化。在斯密的作品中，经济增长和经济发展被认为是紧密相连的，并且是经济内部的内生力量起作用的结果。当然，斯密那个时代也没有办法对经济增长或发展给予准确的测量，只能根据经验，判断经济水平发生了一定的变化。

而到了 20 世纪上半叶，越来越多的学者开始从另一个角度关注经济增长。他们主要关注经济水平在数量上的增长，而不太考虑经济质量和经济的发展。而且越来越多的经济学家认为，经济增长主要是外生力量的反映，只要有更多的资本和劳动力投入一个经济体中，并且予以正确的资源配置，经济就有可能快速增长。

这种思想不但对经济学本身的研究目标产生了巨大的影响，催生出经济增长这个重要的宏观经济学分支，同时也对很多第三世界国家的经济增长产生影响。这些发展中国家开始运用经济增长模型来指导自己的经济政策。在所有经济增长理论中，最为基础、也获得最广泛应用的，就是索洛模型。

索洛是美国人，1924 年出生于纽约的布鲁克林。1942 年到 1945 年间，索洛因为"二战"而参军。退役之后，他又回到哈佛读书。1947 年，索洛获得哈佛学院学士学位，1949 年获得硕士学位，1951 年获得博士学位。索洛的导师是以研究投入产出模型著称的 1973 年诺贝尔奖得主华西里·列昂惕夫。

索洛先后经历了大萧条和战后经济快速增长，对现实经济有比较深入的了解。在第二次世界大战结束后，他离开军营，回到哈佛大学继续自己的社会学和人类学的课业。因心血来潮，同时也是在妻子的建议下，他转向了经济学。这个建议取得了非常好的效果，也塑造了一位诺贝尔奖得主。

索洛原本就有非常出色的数学和统计学功底，他用数学工具对原有的经济学问题进行了现代化的转变。他要追问的根本性问题就是：随着时间的推移，提升人们生活品质的经济增长的动力是什么？为什么一些国家会比另一些国家增长得更快？最终，落后的国家是否有机会追赶上那些现在发展水平较高的国家？

1950 年开始，索洛就在麻省理工学院任教，成为萨缪尔森的同事及合作者，1958 年升任教授。1961 年，索洛获得了美国经济学会授予青年经济学家的、有"小诺贝尔奖"之称的克拉克奖。1987 年，索洛因为经济增长理论方面的卓越贡献而获得诺贝尔经济学奖。

索洛是这样思考经济增长问题的：正常状态下，当经济体的全部资源被用来生产产品时，经济会如何增长？他要求我们设想一个简化的世界，在那里通过使用资金和劳动力来生产商品，资金是建造工厂、购买设备以及支付工资的必需品。现在我们需要建设一个工程，挖掘火车隧道。少量挖掘机和上百带着铁铲的工人可以实现这个目标，或者也可以用大量挖掘机和少数驾驶员来完成同样的工作。富裕的国家相比自身的人口拥有大量的资金，这意味着这些国家里每个人的产出更高。人均产出可以很好地衡量一个社会的富裕程度。一个由 10 个人组成并生产 100 英镑价值商品的社会，其富裕程度是生产同样价值产品但人口为 20 人的社会的一倍。10 个人构成的社会能够为每个人平均提供双倍的商品：它的人民的生活水准比 20 人的社会更高。

索洛从根源上思考这个问题以后，开创性地设计出一种新古典主义经济增长模型，这个模型也被称之为索洛模型。直到现在，该模型仍然是经济增长理论中不可或缺的内容。在索洛模型中，对经济总体的增长贡献被设定为由劳动、资本和技术进步三者组成，并且假设边际生产递减的一次齐次的总生产函数、满足特定数学条件、储蓄率不变。技术进步完全外生，不能由模型内部的参数决定。这些都是索洛模型的约束条件，在此基础上，索洛得出了促进经济增长的最优资源配置方案，同时也得出了政府政策对于经济增长的作用是无效的结论。

在索洛模型中，资本收益表现为不断递减。这就意味着，当一个经济体增加资本储备并增加生产时，其增长率会逐渐降低。最终，来自额外资本的收益会耗尽。如果资本是唯一创造经济增长的因素，那么经济会在人均收入不再增长的位置停滞。所以，发达国家的经济增长速度会越来越慢，而发展中国家追赶的速度会变得更快。长此以往，所有的发展中国家都能追赶上发达国家，达到同样的经济生活水平。

但是索洛模型有一个缺陷，就是假设技术进步是外生的，只是由非人力所能控制的新兴科学技术发明来决定。从经济的角度看，技术就是让投入变成产出的秘诀，例如将布料、毛线和金属变成牛仔裤。这些秘诀的本质又是知识：如何剪裁布料、如何缝纫等。每当人们发明出更有效的缝纫技术后，这个知识就会进步，牛仔裤的制造也就更简单，经济体就变得更加"多产"。技术进步允许以一国所拥有的资本和人力实现更多的产出，同样也可以生产出新的商品。当文字从石碑转移到羊皮纸，从羊皮纸转移到现代纸张，再从现代纸张转移到数码产品之上时，社会实现了进步。索洛认为，社会更高的生产率来源于技术进步，这才是增长的真正引擎，但这些技术进步是不可预期的。

过去的一些增长模型总是让人们担心资本主义社会中的经济增长的可持续性。人们尤其担心，长期增长是不稳定的，经济不会一直增长下去。索洛模型却指出，资本主义模式的资本积累过程从长期来看，将收敛于经济增长稳定状态。经济始终会增长，只是增长速度会稳定下来。这个结论无疑给关心经济增长问题的经济学界注入了一剂强心针。

索洛深入思考了关乎经济增长的几个因素：技术和组织变迁、资本积累、人口和就业的增长。在每一个因素上，索洛都得到了和亚当·斯密不同的结论。索洛这种更清晰、更数学化的理论体系很快就取代了斯密体系，成为经济增长理论的主流看法。

斯密很早就探讨过技术和组织的变化，将它们视作内生的，是经济发展的必然结果，同时也成为经济发展的驱动力量。索洛却认为要把技术剥离出来看。索洛认为，技术进步的速度是系统之外给定的，技术进步如同"上帝的礼物"一样从天而降。在斯密看来，资本积累通过扩张市场的范围，促进了劳动分工的不断进行，并带来了新的商品、新的生产方式，以及结构变化。但是索洛坚持假定经济结构不变。在索洛的宏观经济学方法中，更多的资本仅仅意味着更多同样的东西，仅此而已。在斯密看来，人口的增长是由内生决定的，反映了在其中起作用的经济、社会和制度性因素，而索洛认为，人口增长率是外部给定的，因此被当作一种外生变量对待。

索洛假定经济在任何时候都处于动态均衡当中，这就意味着所有市场都是同时出清的，因此劳动力是完全就业而资本被充分利用。索洛强调这是一种对于经济增长的直观看法。他列举凯恩斯主义的总需求管理成功地稳定了经济水平，从而验证了自己的观点。

在索洛的理论体系中，给定这些前提假设，经济随着时间变动而增长的趋势也变得明晰起来。既然所有的生产要素都总是充分利用的，那么国民生产总值（GNP）的增长就是由劳动力和资本这两个作出了贡献的要素的增加所决定。劳动力的数量被假定为以一种外生给定的固定速率增长，即"自然增长率"，而资本存量的增长是由经济人的储蓄行为控制的。依据萨伊定律，索洛假定所有储蓄都被用于投资。因此，劳动力和资本存量都会随时间而增长，社会产出也会随之增加。

如果资本存量恰好比劳动力增长得更为迅速，资本将会变得比劳动力更不稀缺，那么其边际生产率将会下降，劳动力的边际生产率却将会上升。然而这样一来，对于资本积累产生了一种削弱的效应。结果就是，资本存量和社会产出的增长率将会随着时间的推移而收敛到一种外生给定的劳动力增长率之上，这就是经济增长的稳态。在这种稳态状况下，所有的速率都会相互一致，并且等于自然增长率。因此从长期来看，索洛模型中的增长就是从外部给定的。索洛并没有试图从经济结构内部来解释增长问题。

索洛推演出这样一套经济增长理论，说明他是非常乐观的。因为这种理论认为贫困国家人们的生活水准会逐渐赶上富裕国家，正如更小的孩子最终能在身高上赶上年长的人一样。拥有较少资本的贫困国家，其发展速度会快于坐拥大量资金的富裕国家。富裕国家从资本中获取的收益大部分已经耗尽，增长速度会停滞不前。而贫困国家的发展速度更快，那么这些国家的生活水准就会逐渐赶上来。不论是贫困国家还是富裕国家，他们的发展都会在一个地方停滞下来，到那时唯一的发展动力是技术进步，这又不是国家或者个人所能干预的。一个国家离这个状态越远，它向这个方向前进的速度越快。

索洛的开创性工作之后，许多建立在它基础上的扩充模型被不断提出，其中最值得注意的是罗默创造的新增长理论，或者叫"内生增长理论"。索洛认为，经济增长主要依靠外生的技术进步。但罗默反其道行之，认为技术并非外生，而是内生，即在经济体内部被创造出来。

罗默认为，技术进步与阳光日照这些真正外生的因素并不相同。人们之所以会发明更好的汽车引擎，就是因为他们能从引擎销售中盈利，这是促使他们发明创造的最大动力。而且技术有一种特别的性质，技术一旦被发明出来以后，就可以一遍又一遍地使用，成本极低。举例来说，一家航空公司花钱研究某种金属的熔点，目的是为了将这种技术应用在更轻的机翼中，最终也是为了销售飞机并盈利。但这项技术发明出来以后，可以让厨具制造商用来生产更好的炉子。厨具制造商无须再支付这项技术高昂的研究费用，只需要花一些钱从航空公司买来这些技术即可。

科学技术具备这样一种性质，与大部分人购买和销售的商品不同，经济学家将其称为"非竞争性"商品。不妨以面包为例，一块面包我吃了，你就不能吃。如果给你吃，我就不能吃。面包被吃掉以后，它就不再存在了。可是关于金属熔点的知识一旦被发现了，就永远在那里了，不会消失，后人可以反复利用。新的发现不断增加，我们的知识储备就能无限地扩大。所以，知识并非外生于经济活动，而是内生于经济活动。一个社会原本的知识、技术越是丰富，老百姓的教育水平越高，新技术、新发明涌现出来的可能性就越高。

索洛模型提出之后，就有很多人表示质疑。几十年后，更多经济学家根据现实中观测到的情况，对索洛模型提出批评。我们不妨考虑两个经济体，一个是发达国家，另一个是欠发达的发展中国家，它们拥有同样的技术知识、相同的储蓄倾向以及一样的自然增长率，但是前者的每个工人会比后者的工人拥有更多数量的资本，也就是更富裕、更有钱。根据索洛模型结论，后一个经济体将会比前者增长得更快，并且会逐渐实现赶超。可是这个结论却没有得到事实的有效验证。虽然一些欠发达的经济体成功地追赶上了工业化国家，但它们只是少数。绝大多数发展中国家，过了几十年，仍然在为经济增长而挣扎。显然，即使索洛模型所包含的资本、劳动力和技术这些要素在经济增长过程中发挥了重要作用，它们也绝不是唯一的解释。

在今天的学者看来，索洛对于经济增长的解释未必正确，可能过于简化，同时也低估了知识、创新在经济增长中难以估量的作用。但是索洛模型确实给大家提供了一种基础的参照系，这一点就是难能可贵的。

23

阿罗：
现代一般均衡理论

阿罗小传

　　肯尼斯·约瑟夫·阿罗（1921—2017），美国著名经济学家，诺贝尔经济学奖得主。阿罗 1921 年出生于美国，1940 年在纽约市立大学获得数学学士学位。后来他对经济学产生兴趣，但仍坚持学习数学。"二战"期间，阿罗参军。1946 年退役后，返回哥伦比亚大学获得了经济学博士学位。此后，阿罗先后执教于斯坦福大学和哈佛大学，并曾担任肯尼迪的经济顾问。阿罗在 1972 年获得了诺贝尔经济学奖，1980 年退休，仍继续工作，直到 2017 年去世。

　　阿罗在 1951 年出版了《社会价值与个人选择》，提出了"阿罗不可能定理"，开创了社会选择理论。同一时期，阿罗与德布鲁用数学方法证明了"一般均衡"的存在，彻底解决了新古典经济学的基础问题。

　　1972 年，诺贝尔委员会授予斯坦福大学教授肯尼斯·约瑟夫·阿罗诺贝尔经济学奖，表彰他对"一般均衡理论和福利经济学"的重要贡献。外界可能觉得这没什么，只是一次正常的颁奖罢了。而在经济学界内部，很多人都长出一口气。因为阿罗用数学方法证明了"一般均衡理论"，这项工作对于经济学本身实在太重要。

一般均衡理论最早是在 19 世纪末，由法国经济学家瓦尔拉提出的。瓦尔拉天才地认识到，如果把所有市场视作一个整体，每种市场之间都会相互作用，那么理论上说，存在一种价格，使得所有市场在这种情况下全都实现均衡。这不是单个市场的均衡，而是所有市场同时实现的均衡，所以又叫作一般均衡。这个一般均衡的点，与斯密当年所说的"看不见的手"所导致的稳定结构有着完全一致的含义。

瓦尔拉虽然提出了这种理论，但是并没有在数学上证明它。事实上，瓦尔拉时代的数学工具也确实不足以证明一般均衡理论。虽然后来很多经济学家都认同这种一般均衡理论，但终究没有人证明它。只要一般均衡理论一天得不到证明，经济学就不能算是一门科学。这项重任，最后就落到了阿罗肩上，也促成了阿罗的英雄事迹。

1921 年，阿罗出生于一个罗马尼亚裔的犹太人家庭，1940 年在纽约市立大学获得数学学士学位，1941 年在哥伦比亚大学获得硕士学位。1951 年他在哥伦比亚大学获得哲学博士学位。后任教于斯坦福大学。阿罗一直对于一般均衡理论很感兴趣，他听说法国也有一些学者正在研究这个问题，就跑去法国寻找合作者，最终找到了法国数学家德布鲁。

1954 年，阿罗与德布鲁发表了一篇名为"竞争经济中的均衡存在性"的论文。他们在论文中指出，在满足有关经济人偏好和技术选择集合一定假设的条件下，均衡确实是存在的。这是人们第一次用严格的数学方法证明均衡的存在。这些假设都比较强，并且与完全竞争这个一般均衡理论的基准模型相容。发展到今天，这个结果已经被科学家们用很多不同方式进行了解释。

我们必须讨论两个问题。第一个问题是均衡的唯一性。也就是说，这里仅有单一的一个均衡，还是有几个均衡点？如果存在几个均衡点的话，那么其中哪一个才是真正的一般均衡点？如果不借助于特定的假设就无法对此做出回答。

第二个问题更为重要。这个均衡点是全局稳定的，还是不稳定的？假如均衡点是不稳定的，任何一点干扰就会让这个点偏离它应该所处的位置，那么这个均衡的存在性也就几乎没有意义。只有这个点是稳定的，任何偏离都会导致自我修正，这样的结论才是有意义的。

20世纪上半叶，拓扑学有了重大的进展。数学家布劳威尔提出了一种不动点定理，后来日本数学家角谷又在布劳威尔不动点的基础上，提出另一种不动点定理，被称为角谷不动点定理。阿罗和德布鲁正是使用角谷不动点定理，证明了一般均衡的存在性、唯一性和稳定性。后来，角谷不动点定理还被纳什用来证明 N 人非合作博弈中的纳什均衡的存在性。这些数学工具的发展，为经济学的发展奠定了基础。

阿罗和德布鲁在此基础上，证明了后来被称为"福利经济学第一基本定理"的定理，在完全私有产权的制度安排下，这样的一般均衡满足帕累托效率原则。也就是在这种一般均衡的状态下，没有人可能在不降低任何他人的福利的前提下，进一步改善自己的福利。他们又证明了"福利经济学第二基本定理"，也就是存在一种"初始产权"的分配，使一般均衡能够满足预先指定的任何社会福利状态。

阿罗认为，要使一个市场体系变得完美，将会需要关于所有产品和服务的市场一直从现在存在到永远。然而，没有这样完整的一套市场，同时实际上在任何时候都不可能有这样一整套市场。这套一般均衡理论，在现实中注定是找不到对应物的。但是它却为现代经济学提供了一个基石。我们现在知道，一般均衡在理论上是存在的，它也应该是我们所能追求的最优分配结果。在现实中，我们可能达不到这一点，只能寻求次优，但是最优的存在是有意义的。

在研究一般均衡理论的过程中，阿罗还顺便提出了一种后来以他名字命名的"阿罗不可能定理"。他是基于一组被认为是可行的且不需要进一步证明其正当性的抽象公理或条件推导出来的。阿罗不可能定理是说，对于有着三个或更多成员的社会，没有一个可以从个人价值中得到一致性社会决策的程序。因此，社会决策将不可能永远满足在个人理性行为的选择。这也意味着"社会"不能被视为一个代表性个体。

我们可以用一个简单的例子来说明这种不可能定理。假如现在某个明星要举办一场观众见面会的活动，举办地点有三个备选项，分别是北京、上海、广州。现在假设仅有三位观众，所以编辑部决定用民主投票的方式来搜集三位观众的意见，然后根据多数人的意见来决定见面会的举办地点。

　　先来看三位观众各自的偏好。第一位观众甲，平时生活在北京，最希望就在北京举办见面会。要是不行，那就上海，也还可以接受。最不喜欢广州，因为实在太热了。第二位观众乙，生活在上海。所以他最希望在上海举办，其次是南方的广州，最不喜欢的是北方的北京。第三位观众丙，生活在广州，他的偏好当然是最希望在广州举办，其次是北京，因为如果要出一趟门那就索性去北京吧，而去上海则是最差的情况。

　　主办方通过投票来搜集大家的意见。如果先表决上海和广州，甲和乙都认为上海优于广州，丙当然不同意，但少数服从多数，所以广州就可以从名单里被排除。剩下北京和上海，再投一轮，甲和丙都认为北京优于上海，于是，见面会最终就应该在北京举办。

　　看似这是很简单的民主投票，但仔细想一想，情况好像没那么简单。我们换个顺序，先来表决北京和广州。乙和丙都认为广州优于北京，甲不同意，但民主投票的结果，应该就是北京出局。然后上海和广州之间继续PK，最终胜出的是上海。

　　那么广州还有没有机会呢？我们不妨先来表决北京和上海，那么甲和丙都认为北京优于上海，上海先出局。接着表决北京和广州，乙和丙认为广州优于北京，这样最终胜出的就是广州。我们从中可以发现，表决的顺序至关重要。只要选择合适的顺序，北京、上海、广州这三个城市都有最终胜出的机会。那么，集体的意见，到底是北京、上海还是广州呢？

　　这里就出现了一个有趣的悖论。阿罗的结论是，根本不存在一种能保证效率、尊重个人偏好、并且不依赖程序的多数规则的投票方案。这个发现非常重要，后来大家就把它称作阿罗不可能定理。

阿罗不可能定理对民主投票这种政治行为是一次重大打击。阿罗的研究表明，出现投票悖论绝不是偶然的。如果有更多的候选人，有更多的投票人，出现悖论的概率也会随之增加。而且上述的投票悖论还是在每个人都根据自己的偏好、表达真实意愿时出现的悖论。在现实中，我们知道投票行为极端复杂。有一种常见行为叫作"策略性行为"。这就是说，投票者知道自己最偏好的那种结果不太可能发生，于是转而用手里这张选票进行策略性投票，支持某种结果发生或者避免某种结果发生。在这种情况下，选票并不表示他的真实偏好，只表示他的策略选择。

仍以上面这个北上广地点投票为例。假设观众中北京和上海的观众数量比较多，广州观众数量比较少。此时，北京观众肯定选北京，上海观众肯定选上海，广州观众虽然不可能把结果改为广州，但是他们却可能成为北京观众和上海观众共同争取的对象。他们手里的票投向哪一方，哪一方就会获胜。我们经常听到"弃车保帅"或者"弃保效应"，描述的就是这种复杂情景。

阿罗的这些研究，促使经济学家开始思考，如何才能有效地汇聚全体社会的意见，作出对全体社会最有利的决策。这一派的研究，后来被大家称为"社会选择理论"，是今天经济学理论中的一个重要分支。

阿罗继续思考影响一般均衡的因素，就发现很多重要的信息并不是由价格系统传递的。例如，泡沫破灭之前股票市场上的价格就是一个例子。这些价格对资产真实价值反映得很少。如果考虑到这些因素，金融市场上的"有效市场假说"很难再得以维持。阿罗主张，信息非常关键，而信息不对称、信息不完全则可能是市场上的常态。阿罗的这些想法，后来又引申出另一门经济学分支，即"信息经济学"。在博弈论工具的帮助下，信息经济学也已经硕果累累。

1972 年获得诺奖后，阿罗的学术兴趣已经远远超出委员会授奖时所说的范围。阿罗开始关注知识生产与信息经济学议题，并且把信息不确定的视角引入医疗、保险等领域。他是经济学界的常青树，后来还在很多领域做出了贡献。但是从经济学的整个体系来看，阿罗最重要的贡献仍是他出道后的第一项工作：用数学证明一般均衡的存在。从此以后，经济学家才能扬眉吐气，坚信自己从事研究的科学性。

24

科斯:
科斯定理和制度经济学

科斯小传

罗纳德·哈里·科斯（1910—2013），美国著名经济学家，诺贝尔经济学奖得主，新制度经济学代表性人物。科斯出生于英国，1932年毕业于伦敦政治经济学院，在利物浦大学任教。1951年，科斯移民美国，先后在弗吉尼亚大学和芝加哥大学任教。在芝加哥大学期间，科斯主要在法学院教授经济学，开辟了法律经济学的分支。1991年，科斯获得诺贝尔经济学奖。2013年，科斯去世。

科斯著作不多，但影响深远。他在早年论文《企业的性质》中提出了交易费用的概念，很快成为新制度经济学的重要分析概念；1960年，科斯发表《社会成本问题》，提出了科斯定理，后来成为了新制度经济学和法律经济学的核心定理。

科斯是个非常谨慎的学者，一辈子写作极少，最终能被大家记住的只剩两篇论文。但就是这两篇论文，各自开创了一个领域，并让他获得了1991年的诺贝尔经济学奖。

第一篇论文，是科斯 25 岁读大学时写的，叫作"企业的性质"。科斯在文中提出一个重要的问题：为什么会有企业？为什么企业的规模又是有限的？比如，我们看到很多大企业，在它们成长的过程中都并购了无数企业。可是现在这些大企业为什么不再合并成一个超级大企业，这样我们生活中只要有一家企业就够了。

企业存在的主要原因是纵向一体化的结果。企业是由许多专业化的个人组成的，而所谓纵向一体化就是处于相继生产阶段或相继产业的专业化的企业之间的合并，上下游企业的合并。在经济学中，一体化和专业化是两个意义正好相反的概念。自斯密以来，经济学家一直注重劳动分工。而且，市场上专业化水平不断发展，最根本的原因就是市场范围的扩展。也有人将这个称作"斯密定理"："分工受市场范围的限制"。比如一个小镇上出现了修理手表的工匠，那就说明手表市场已经扩展得足够大，有很多人需要维修自己的手表，这样才可能维系这个修表工匠的生存。

但是如果在市场范围不断扩张、经济也不断发展的过程中，出现了与专业化相反的趋向，这会是一件很奇怪的事情。但是这种趋向确实出现了，也就是企业的出现和纵向一体化的发生。很多大企业一路兼并小企业，最终成为巨无霸式的企业。这个事实对主流经济学提出重要的挑战：假如一体化不能带来利益，人们实行非专业化的动机是什么？

在这篇论文中，科斯尝试解答他自己一直迷惑不解的问题：企业的起源或纵向一体化的原因。这两个问题其实是一个问题。

为了解释这些问题，科斯提出了"交易费用"的概念。这一概念的首要含意是，交易活动是稀缺性的，可计量的，也是可比较的，因而可以纳入经济学分析的轨道。一旦如此，上述问题也就迎刃而解了。企业的存在就是为了节约市场上的交易费用，即用费用较低的企业内交易替代费用较高的市场交易。当一个企业觉得并购另一个上下游企业，比与这个企业继续合作更为合算，它就会尝试并购。

所以，就是在企业内部交易的边际费用等于市场交易的边际费用，或者等于其他企业内部交易的边际费用的那一点上，决定了企业的规模。企业面临相继连续的生产阶段，可以选择与其他企业订立长期合同，也可以实行纵向一体化，兼并其他企业，扩大自己的规模。企业的最终选择，只取决于两种形式的交易费用孰高孰低。

可以看出，正是对这一悖论的思索，促使科斯写作《企业的性质》。科斯给出了一体化的具体原因。这种解释也能完美地纳入新古典经济学范式。科斯对于交易费用的发现，简单地告诉了人们，扩大企业规模或者实行纵向一体化战略，也可能带来经济节约，就是对交易费用的节约。

科斯在文章中称，写作《企业的性质》的目的是要提出"既具有现实性又便于理论推导的企业概念"。这篇论文自然实现了这个目的，然而它的理论意义要远远超出原本的主题。在1987年的学术讨论会上，科斯教授在演讲中回顾说："将交易费用纳入经济分析中是一件异常艰难的任务，所以毫不奇怪，在30年代初期，我对经济学知之甚少，也就没有这样的企图。"

交易费用这个概念被提出以后，人们就发现，它是如此好用。过去的经济分析总是忽略这种制度成本。固然有一些老派学者如凡勃伦等，早已注意到制度的重要性。但是他们手里缺乏交易费用这种简明有力的工具，这样也很难对制度的经济绩效作出更准确的分析。现在有了交易费用概念以后，制度经济学的研究就进入了一个全新的阶段，后来也被称作"新制度经济学"。

科斯在 1937 年发表了这篇文章以后，迟迟没有后续的力作。他后来前往芝加哥大学，在法学院任教，而科斯还是在思考类似的基本问题。他在阅读马歇尔与庇古著作的时候，注意到庇古对于外部性的讨论。

以火车为例。在早期没有电气火车的时代，火车总是要烧煤。烧煤就会溅出火星，很容易引燃铁轨两侧的农田，造成很大的危害。为了防止火灾，农民和铁路部门进行协商，共同约定采取一些预防措施，以减少火灾可能带来的损失。但是农民和铁路部门的协议有几种不同的形式。比如，农民许诺不在铁轨两侧种植或堆积农作物，把土地空出来，但这样会浪费土地，需要铁路部门予以补偿。而铁路部门也可以试着加装一些装置，防止火星溅出，或者干脆减少火车次数，那会造成铁路部门的损失，需要农民加以补偿。

这似乎是一个典型的法律问题，可以用立法来解决。比如通过制定禁令来解决这个利益纷争。假如法律裁定农民有免于火灾的权利，他们就可以要求铁路部门加装装置、保证不溅出火星，这才允许铁路通车。这样一来，火星就不会引起火灾损失。反过来，假如法律裁定铁路部门拥有营运权利，他们想开就开，那么农民只能退让。

科斯敏锐地发现，这里的关键并不是权利的最初分配，法律如何裁定并不一定是决定性的。假如农民有权利禁止铁路部门运营，那么铁路部门就可以想办法向农民购买这种权利。这种做法也并不困难，铁路部门只要支付一大笔钱给农民，以换取具有法律约束力的承诺。如此一来，问题就解决了，农民不会再禁止铁路运营。反过来，如果法律偏向铁路部门，认为他们有权利运营火车，即便引发火灾也不应该受到严厉惩罚。那么农民也有选择，可以试着向铁路部门购买这种权利。具体来说，农民可以支付一笔钱给铁路部门，以换取具有法律约束力的承诺。比如我们农民自己出钱来帮他们装这种装置，或者干脆出钱补贴铁路部门，减少火车班次。只要农民从沿铁路农田中所收获的收益高于他们需要向铁路部门的补贴，他们就有动力这样做。

所以不管谁拥有这种权利，最终的结果都会是有效率的，双方总会愉快地达成一致意见，避免火星引发火灾。而法官在这里的工作，就是要判断哪一方拥有这种权利。最初的判罚并不会影响最终结果的效率。

科斯指出，这里的关键是双方交涉的成本，也就是达成有效经济协议的成本，这便是交易费用。交易费用就是两种状态之间进行转移的费用，它既可以用于之前的企业规模的解释，也可用于这里两种权利分配结果的解释。在这个例子里，假如交易费用极低，那么法官不用判决如何来实施经济活动，只需要判决谁需要付钱即可。双方会很容易地协调，讨价还价，最终达成双方都满意的一个结果。假如交易费用为零，问题就很容易解决。科斯在这一点上很坦率，他承认"这是一个十分不切实际的假设"。

尽管如此，科斯的这个发现仍然非常重要，为我们分析类似问题提供了一个基于交易费用的理论框架。科斯本人并没有为这个发现命名，但是其他学者都称其为"科斯定理"，这个名称很快就传开了。有了科斯定理这个参照系，法学就可以运用理性选择的方法，对法律安排的社会价值做出准确的评估。科斯定理也为制度经济学家指明了目标：只要努力减少交易费用，就有机会提升最终的效率，这就是制度变迁应该思考的方向。

科斯的这两篇文章时隔二十多年，但内在之间却有深刻的联系，那就是交易费用。通过科斯定理，科斯把庇古对于外部性的分析又往前推动了一步。环境污染，本质上就是一种负外部性。庇古认为，我们只能通过庇古税这样的外部干预来消除这种负外部性。但是庇古税的测量和计算，本身是极为困难的。而科斯定理给出了一种完全不同的思路，可以通过外部性的产生方和受害方的双边协商，达成有效率的最终结果。而其中最重要的前提就是交易费用为零。

科斯定理提出以后，又被后来的新制度经济学研究者更深入地探讨，具体地分为科斯定理1和科斯定理2。

所谓科斯定理1是指，当交易费用为零时，只要允许自由交易，不管产权初始界定如何，最终都能实现社会总产值的最大化，即帕累托最优状态。所以当权利任意配置可以无成本地通过市场得到重新配置时，可交易的权利初始配置不会影响它的最终配置或社会福利，因为权利的任意配置可以无成本地得到相关主体的纠正。因此，仅仅从经济效率的角度看，权利的一种初始配置与另一种初始配置并无差异。

科斯定理 2 是指，交易费用为正的情况下，可交易权利的初始安排将影响到资源的最终配置。在引入交易费用以后，对外部侵害的权力调整只有在经过调整后的产值增长大于它所带来的成本时方能进行。所以，合法权利的初始界定会对经济制度运行的效率产生影响，权利的一种安排会比其他安排带来更多的产值，也可能导致更高的费用。也就是市场交易费用影响着资源配置的效果。

科斯定理 2 可能更接近我们所处的世界。它有两层含义，第一，在交易成本大于零的现实世界，产权初始分配状态不能通过无成本的交易向最优状态变化，因而产权初始界定会对经济效率产生影响；第二，权利的调整只有在有利于总产值增长时才会发生，而且必须在调整引起的产值增长大于调整时所支出的交易成本时才会发生。

此外，科斯对于经济学的方法论有着深刻的认识。他指出，长期以来，经济学家对选择逻辑极为痴迷，热衷于使用数学模型来进一步精确化研究结论。这套基于理性选择的数学模型尽管最终可能使法学、政治学和社会学的研究恢复生机，却也可能导致大量副作用。因为理论和其研究对象相互分离，所以经济学家研究的只是一种"黑板经济学",与现实无关。在经济学家的模型里,交易发生在没有任何制度特征的背景中。我们分析的是没有人性的消费者、没有组织的企业,甚至是没有市场的交易。

在科斯时代的经济学文献中,经济学对人性的认识是苍白的,对应该成为他们工作核心内容的制度的态度也是这样。经济学家最应该研究的制度是企业和市场,它们共同构成了经济体系的制度结构,但是它们却在研究中被普遍地抽象掉了。

在新古典经济学中,企业和市场在很大程度上被假定为一种给定的模型,因而没有人关心企业和市场的真实运作情况,法律在其中的作用也被大大忽略,因为模型总是假设市场自然有效,市场自动出清。

科斯终于在 1991 年获得了诺贝尔经济学奖,科斯定理也得到了公认。但是科斯并不满意目前经济学的研究进路,还是希望自己的研究能够一定程度上改变这种不利趋势,促进大家更多地对企业、法律等制度因素投入关注。

25

赫希曼：
非均衡增长理论

阿尔伯特·赫希曼（1915—2012），美国著名发展经济学家、政治哲学家。1915 年，赫希曼出生于德国柏林，1932 年进入柏林洪堡大学求学。随着德国法西斯运动兴起，赫希曼一边投身于反法西斯运动，一边辗转在欧洲多所大学求学，于 1938 年取得经济学博士学位。此后，赫希曼又回到法国，继续对抗德国纳粹。1941 年，赫希曼来到美国，继续参与"二战"。1946 年，赫希曼退伍后进入美联储担任经济学家。1952，赫希曼前往哥伦比亚担任政府经济顾问。1956 年，赫希曼再一次返回美国，任教于耶鲁大学。此后，赫希曼先后任教于哥伦比亚大学、哈佛大学和普林斯顿大学，1985 年退休。2017 年，赫希曼去世。

赫希曼一生经历传奇，思想也经历了好几次转向。早期他是一个发展经济学家，提出了"非均衡发展理论"。后期他的兴趣逐渐转向政治哲学，出版了《退出、呼吁与忠诚：对企业、组织和国家的回应》和《激情与利益》等更深邃的著作。

赫希曼是一个具有传奇色彩的发展经济学家。他的研究非常深入，对当代经济学家具有极大的启发意义。赫希曼的研究从不为现代学术分工所限，因为他只对具体问题有着最强烈的兴趣。这和他多元的学术背景有关：他最早在法国学习政治经济学，而后在英国伦敦政治经济学院待了一年，学习各种流派的新古典经济学。

虽然赫希曼在英国只是一个不能获取学位的非全日制学生，但他有机会修到罗宾斯与哈耶克的课。同时，他也去剑桥听凯恩斯的高足斯拉法的课。这些学者都致力于挑战主流经济理论，斯拉法更是试图将李嘉图、马克思与凯恩斯融为一体。在所有这些欧洲经济学家里，赫希曼认为斯拉法对他的影响最大。

随后欧洲战火弥漫，他不得不离开学院，投身社会。赫希曼参与了反对弗朗哥的西班牙内战，但他一辈子都不太愿意探讨这段经历。这似乎并不能简单归因于反战，也与赫希曼立场转变有关。他坚定地反法西斯，同时越来越清楚地看到左翼政治的问题。所以赫希曼既不是一个自由主义者，也不是一个社会主义者。他抛弃抽象的理论而转向实践问题，这是他后来所有研究的思想背景。

赫希曼语言能力很强，同时也擅长统计和洞察数据背后的运行规律。所以他最初的工作与国际贸易研究相关。早在英国学习阶段，赫希曼已熟读凯恩斯的《通论》。但他在实践中意识到，被美国经济学家理论化的凯恩斯主义，很大程度上因为抽象方法而忽略了复杂的国际互动以及制度变迁。这里的国际互动不仅包括国际贸易，还包括国际政治。例如意大利独裁政府的经济政策与它在非洲的军事扩张之间有着非常直接的联系，而这种联系就不能在凯恩斯主义的框架内得到解释。

赫希曼希望弥补这些缺陷。这也体现出赫希曼的研究风格：总是关注和追踪那些不起眼，但具有启发性的小指标，从事经验性和实践性的经济分析，从不远离政治现实，从不回避伦理诉求。赫希曼一直认为这些小问题的意义比学院里热衷研究的规范性问题来得更大。最终他从复杂的统计数据中精巧地构造出一种指数，计算一个行业中各市场竞争主体所占行业总收入或总资产百分比的平方和，用于有效衡量市场的集中度。

这项研究后来发展成为赫希曼的第一本书《国家实力与世界贸易的结构》。但赫希曼没去大力推广自己的发现，也没有进一步将它用于产业研究。当时，欧洲经济学者的工作总是被忽略。另一名学者赫芬达尔也独立提出了这种测量方法，并将它应用于产业组织。这时才有人想起赫希曼做过类似工作，于是该指数现在被命名为赫芬达尔 - 赫希曼指数。

"二战"之后，美国成为世界经济学研究中心，也有很多美国经济学家开始关注其他国家。他们注意到非洲、拉美、东南亚都有大量欠发达国家，这些欠发达国家经济落后，人民生活水平低下，经济学应该为它们做出贡献。发展经济学在此背景下繁荣起来。赫希曼本可以成为一个国际贸易方面的专家，但是他对发展经济学产生了浓厚的兴趣。他认为，要真正了解发展困境，必须离开热衷空谈理论的学术界，真正走向现实世界。

1948 年，赫希曼远赴哥伦比亚做研究，很快走遍了哥伦比亚。他的工作与人类学家非常接近，都是"经验亲近"的知识，需要参与观察而非远远地揣测。与之相比，当时主流经济学的知识都过于"经验疏远"。为了确定一个地区、一个国家的发展政策，必然需要大量的信息和"局部知识"。但这些信息很难通过传统调查得来，越是欠发达国家，调查越困难，至今仍然如此，何况半个世纪以前。所以传统的发展经济学，大多只是学者在书斋里的理论假想。

当时对经济发展过程的认识，可分为"均衡发展理论"与"非均衡发展理论"两派。均衡发展理论学者认为，一国的经济发展应当注重产业之间、区域之间、区域之内各个地区的同步发展，平衡分配生产力资源，实现共同增长。如果某些产业、某些地区的发展受到制约，未能跟上整体的发展速度，它就有可能成为整体发展中的短板，制约整体的经济发展。均衡发展理论的主要支持者包括麻省理工学院的罗森斯坦·罗丹、哈佛大学的纳克斯等，都是美国学界的大牌学者，影响极大。同时，均衡发展理论又很符合直觉，适合用数学工具来完美描述，所以当时学界大多数人都赞同均衡发展。

非均衡发展理论学者的观点与之相反，认为经济发展不必追求产业之间和区域之间的平衡。因为资源的扩散过程在空间上并非同时、均匀，不同区域的发展积累可能有先后，发展本身也可能加剧区域间的不平衡。发展中国家资源有限，管理能力也有限，基本做不到全面均衡的发展。当时非均衡发展理论最著名的倡导者是瑞典经济学家冈纳·缪尔达尔，他当时尚未获得诺贝尔奖，影响力无法与美国学者相比。赫希曼也是非均衡发展理论的支持者，不过他的分析逻辑与缪尔达尔不同，也不支持缪尔达尔。这进一步加剧了赫希曼的边缘地位。

与罗森斯坦·罗丹这些大牌学者相比，赫希曼在当时的美国学界还只是新人，不算发展理论"圈内人"，甚至不太认识国际学界的很多名家。但他对哥伦比亚的情况有兴趣，在哥伦比亚考察过程中知道很多哥伦比亚的具体情况。在此基础上，赫希曼利用他过去在欧洲获得的经济学训练，一点一点推导政策建议，与当地学者交流，比较各种政策的优劣。他没有把自己的研究建立在大牌学者的理论基础上，而是建立在实证观察基础上。这可以说是一种很冒险的做法，也是赫希曼独有的风格。

在哥伦比亚，赫希曼很快就完成几篇富有洞见的论文。他很少引用官方数据，因为他深知这些数据存在的问题。与之相反，他更喜欢进行具体的案例分析。他已深入调查过许多国家不同类型的大企业，理解这些企业的发展背景以及政治关联，以此来解释发展问题。赫希曼这些研究私下里获得很多学者的好评，包括后来获得诺奖的博弈论专家谢林。但是赫希曼仍无法获得美国教职。哥伦比亚工作合同结束后，他接受了哥伦比亚的咨询工作，在哥伦比亚生活。

赫希曼希望能与美国发展经济学界保持接触，但是他的根本立场与美国主流经济学不相一致。其中一个很重要的原因是，赫希曼总是抱有极深的怀疑主义，不愿使用漂亮、简明的模型来呈现结论。他总是注意一些小问题，希望推进具体项目，甚至对那些具体项目的远期影响也没有太大把握。这些都使得他的研究结果看起来很"中庸",没有重大意义。

他一直主张经济学家应该摒弃计划倾向,更多利用小型实验来了解情况,从实际经验中学习。这一看法实质上与奥地利学派的哈耶克最接近。赫希曼在拉丁美洲收获了大量朋友,并且把所有这些想法都写入了《经济发展战略》。

《经济发展战略》确立了赫希曼发展经济学家的身份,可这本书受到的评价呈现两极分化。有意思的一点是,发展经济学领域的大牌学者普遍不喜欢赫希曼的这本书。例如哈佛大学的钱纳里认为赫希曼对主流理论批评的同时,并没有拿出有价值的替代方案。就连阿玛蒂亚·森也认为,赫希曼的表述十分新颖有趣,但对于"平衡增长"与"不平衡增长"的两分法可能存在问题。总之,赫希曼的理论在学术上不严谨。

对于赫希曼而言,理论的严谨并不是他追求的目标。在经济发展和改革过程中,落后国家或者区域内部必然面临各种张力和博弈。他注意到发达国家的成功经验与发展中国家的经济泥潭之间的距离,或者说发展理论的应用过程,很可能是"漫长的弯路"而非"现成的捷径"。那些简洁优美的理论可能无助于发展中国家制定具体政策。

发展中国家的政策实施中,政客会使用各种修辞技巧,而非理论模型。因此赫希曼一直对修辞抱有强烈兴趣。即使写作《经济发展战略》这样的书时,他也会大量引用陀思妥耶夫斯基和卡夫卡。赫希曼重视即刻的小想法,创造出精准的概念来描述这些想法。经过锤炼,他的著作中总是充满隐喻和格言警句,这些特征后来变得越来越明显。到了晚年,他直接写了一本《反动的修辞》来批判经济学语言。赫希曼知道，主流的、数学化的经济学模型并非他的长处，那些模型反而有可能淹没无数小细节。而他更看重那些小细节。

在《经济发展战略》之后，赫希曼还写了一本小书《通往进步之旅》，这本书比《经济发展战略》的人类学味道更浓。赫希曼采访了大量主持巴西和哥伦比亚经济改革的官员，写完一章就发给他们看，征求意见。赫希曼并没有使自己站在历史之外，保持足够的距离。与之相反，赫希曼在写作时并不掩饰自己的立场，希望打破观察者和参与者的身份隔阂。尽管历史也没有完全沿着赫希曼所期望的方向发展，但赫希曼的这项研究使我们清晰地看到了不平衡发展的具体过程，看到各种维度张力相互作用的结果。所以《通往进步之旅》是《经济发展战略》的最佳脚注，也是改革者最好的参考手册，它提供了改革者迫切需要的一切材料。

赫希曼不是宏大项目的支持者，也没有走向另一个极端。他会认真评估项目的投资成本，也会全面研究项目所导致的溢出效应。他认为评估一个项目的成败，与研究一个国家经济发展的得失一样，永远不应是单一维度的评估。赫希曼甚至觉得，一个项目的失败，往往是因为它引致大量竞争者和模仿者，从而导致市场发展。从这个角度看，单一项目的失败，也有可能是整体市场成功的必要条件。

所以后来赫希曼写出了一本更具体的《发展项目评述》，直接评述十多个发展中国家的具体的发展项目。这些项目分散在不同国家，不同领域，情况各异，也很难用统一的理论加以概括。赫希曼把故事写得很精彩，可这本书却被认为更缺乏理论，琐碎而肤浅。

赫希曼写完《经济发展战略》之后，重新回到了美国学术界。但他并没有继续混迹在发展经济学圈子里，因为那些抽象的发展经济学模型从不是他关注的重点。赫希曼最关心的问题是"统治者为何能统治"这类根本性政治哲学问题，他很早就开始研究马基雅维利。而马基雅维利这类政治先驱缺乏耐心处理的经济问题，正是赫希曼最擅长的地方。

在 20 世纪 60 年代末期，赫希曼把视角从经验研究转向一般性的理论研究，并写出《退出、呼吁与忠诚：对企业、组织和国家的回应》一书。这本书终于受到经济学家的热情欢迎。赫希曼后来在《自我颠覆的倾向》中反思，《退出、呼吁与忠诚：对企业、组织和国家的回应》的最初缘起，仍是他在非洲等地考察各类发展项目，发现相似的经济政策在各地的实践中表现出的极大差异。因此研究本地人面对发展政策所采取的策略反应就显得尤为重要。赫希曼后来写《反动的修辞》也与之相关。那本书看似更多地在讨论马基雅维利的思想，实则与当时苏联和东欧的经济背景密不可分。

《退出、呼吁与忠诚：对企业、组织和国家的回应》这本书本身很难归入经济学或政治学范式，它是一本涉及普遍问题、使用普遍性方法的理论著作，既可用于政治经济分析，也可用于企业分析。很多人认为，这本书涉及的思想已经存在许多年，但从未有人从这个角度把它们概念化，并且用于解释政治和企业问题。这本书是很典型的赫希曼著作，从实践观察出发归纳理论，探讨基本问题。赫希曼的理论非常吸引人，却不能有效融入现有经典理论框架，使得很多学者感到恼火，公共选择理论创始人图洛克直接批评这本书"反理论"。

但赫希曼感兴趣的本就不是经典理论，不是经济发展理论，也不是公共选择理论。他致力于从实践观察中阐明历史发展轨迹的多样性。赫希曼在《退出、呼吁与忠诚：对企业、组织和国家的回应》出版后进入普林斯顿高等研究院，进入人生的又一个巅峰，开始自由地讨论更基础的理论问题，与主流经济学理论抗衡。他很快写出《激情与利益》。这是一本理论化甚至哲学味十足的著作，但赫希曼在写作时清楚地思考着拉丁美洲问题。

柏拉图曾说，激情与利益必须相互制衡。赫希曼发现，学界对亚当·斯密的意识形态化、政治化解读的现象越来越严重。认真读过《国富论》的学生已经很少，几乎所有经济系学生都知道，斯密是自由主义之父，信奉看不见的手。而另一些有道德关怀的学者也喜欢引用斯密，将他描述为人道主义者。每个人都愿意引用斯密，但那只是作为修辞，与斯密本人并没有什么关系。

长期以来，对物质利益的追求被谴责为一种贪婪的罪恶，然而现在却被赋予了新的功能，即可控制人类难以驾驭的破坏性的欲望。赫希曼为我们提供了关于资本主义兴起的一项全新解释，强调传统与现代的紧密承接。赫希曼的发现颇具讽刺意义：现在我们认为资本主义最邪恶的特征，却是它最初的追求目标：压抑欲望以追求"无害的"也是单调的商业利益。

赫希曼还在书里批评了奥尔森的《集体行动的逻辑》。奥尔森的集体行动理论在经济学界产生过极大的影响，被认为提出了一套最富直觉含义的经济学理论。但是在赫希曼看来，这仍然是修辞术，仍然偏于抽象模型，而非基于真实观察得出的理论。赫希曼后来写了《转变参与：私人利益与公共行动》《社会集体的进步：拉丁美洲的草根经验》等小册子。然而从学界的反响看来，反倒比奥尔森《集体行动的逻辑》要弱得多。

但赫希曼从未向主流学界妥协。从最早的《国家实力与世界贸易的结构》和《经济发展战略》，到后来的《退出、呼吁与忠诚：对企业、组织和国家的回应》和《激情与利益》，赫希曼总是坚持用自己的方法归纳事实，提炼理论。他不迷信经典理论，而是相信理论的新进展会证实他的发现。

晚年的赫希曼，以《自我颠覆的倾向》作为他一系列论文的结集。"自我颠覆"这个概念来自尼采，赫希曼对此非常认同。他热衷于反思乃至批判自己早年的理论，将此作为新一段研究的起点。当代发展经济学的崛起过程也是如此。它们并非是当年经典的发展理论的继承发展，而是掌握新兴经济学工具的学者对当年错误理论的反思。在所有当今重要的发展理论的进展背后，我们都很容易发现当年发展经济学家的盲目自信和可笑之处。

赫希曼不是一个主流经济学家，也没有获得诺贝尔奖，但却被公认为众多经济学家研究中思想灵感的来源。

26

弗里德曼：
货币主义与自由主义

米尔顿·弗里德曼（1912—2006），美国著名经济学家，诺贝尔经济学奖得主，芝加哥学派代表人物。弗里德曼出生于纽约，1933年芝加哥大学硕士毕业后，正逢罗斯福新政，为美国国家经济研究局和财政部工作。1946年，弗里德曼获得哥伦比亚大学博士学位，返回芝加哥大学教授经济学理论。此后，弗里德曼一直在芝加哥大学服务，直至1976年退休。他在芝加哥大学期间，团结了一大批志同道合的学者，被称为"芝加哥学派"。弗里德曼退休后加入斯坦福大学的胡佛研究所继续工作，直至2006年去世。

弗里德曼的学术贡献主要集中在货币理论。他反对凯恩斯主义，主张自由主义的货币政策，又被称为货币主义。此外，弗里德曼还在电视台等各种媒体介绍自由主义思想，1980年出版《自由选择》，影响很大。

米尔顿·弗里德曼是一个无法回避的名字。他也曾被誉为20世纪最伟大辩论家、学者和巨人，在经济学界内部和外部都享有极高的声誉。弗里德曼从1946年开始在芝加哥大学任教，任教 31 年后退休。他与斯蒂格勒、贝克尔等被誉为芝加哥大学经济系的三巨头，全都获得了诺贝尔经济学奖。正是在弗里德曼的不懈努力下，芝加哥大学经济系成为世界上最出名的经济系，并形成了所谓"芝加哥学派"这样的经济学学术传统。

弗里德曼一直是一个自由主义者，主张经济放任，并且从学理上对凯恩斯主义展开激烈的批评。在早期，凯恩斯主义风靡美国，弗里德曼的自由主义立场显得偏激和异端。但是到了 20 世纪 70 年代，经济形势发生变化，学界开始重视弗里德曼的研究成果。他的影响力在学界不断扩大，并且透过公共媒体对大众产生影响，最终使得自由主义重新回归经济研究的主流位置。

弗里德曼与萨缪尔森一样地高产，但是他并不像萨缪尔森那样涉猎各种不同主题，而是反复宣扬他的核心观点：货币是重要的，自由是重要的。他坚持认为，央行管理货币不当时，就有可能对宏观经济造成极大的负面影响。

回顾弗里德曼的一生，他的研究生涯大致可以分为三个阶段，每一阶段都有精彩表现。第一阶段是他开始工作到 20 世纪 50 年代中期。在这个阶段中，他还很年轻，研究主要集中在统计学和消费函数领域。他在这个时期最出名的研究有两项，一项是 1957 年出版的《消费函数理论》，对凯恩斯的边际消费倾向理论提出了挑战；另一项则是 1953 年发表的论文《实证经济学方法论》。在这篇文章里，他讨论了实证主义的研究方法，从而变成了芝加哥学派最基本的方法论。

弗里德曼研究的第二阶段，是从 20 世纪 60 年代至 70 年代中期，这也是弗里德曼最有创造力的时期。他与施瓦茨一起研究美国历史上历次经济周期中的货币因素，耗费十多年的时间，最终完成了《美国货币史：1867—1960》。这是货币史研究中的丰碑，对所有重大的制度变迁都进行了深入且逻辑一致的分析，运用他的货币理论娴熟地对历史数据进行了实证分析。在这过程中，弗里德曼发表了大量货币理论的经典论文，并成功地解释了菲利普斯曲线 ①，将宏观经济学带入到货币主义时期。

　　弗里德曼在论及美国大萧条时，对凯恩斯的解释进行了批评。他认为凯恩斯主张的，大量无效投资以及对经济失去信心，最终导致大规模市场失灵的观点有误。大萧条的根本原因是美联储在那个时期错误地采用了紧缩性货币政策，从而加速而非缓解了经济衰退，把普通的经济衰退转变成为大萧条。

　　1976 年，弗里德曼获得了诺贝尔经济学奖，从此进入他人生的另一个阶段。弗里德曼转变成一名极有影响的公共知识分子。他在电视、广播等各种媒体上，用各种手段传播自由主义的理念，维护自己的货币主义理论。这一时期，他最有代表性的著作当属《资本主义与自由》。弗里德曼后期的这些著作，不仅在美国广为人知，也传播到东西方诸多国家，甚至对很多国家的体制改革起到了一定的作用。

　　在弗里德曼的所有工作中，我们首先应当对他的方法论研究抱以特别的关注。因为 1953 年发表的《实证经济学方法论》

---

① 　新西兰经济学家菲利普斯最早发现，通货膨胀率与失业率之间存在显著的负相关关系。描述这两者之间关系的曲线，就被称作"菲利普斯曲线"。

不仅是芝加哥学派方法论的宣言，在后来很长一段时间里，也是新古典经济学所承认的主流方法论。在这套方法论的指引下，经济学理论被抬到很高的高度，并促进了博弈论等诸多理论的发展。但是这套方法论内含很多问题，也为经济学招来众多的批评。

弗里德曼直接承认："我认为不存在所谓纯粹理论，只存在针对不同问题或不同研究目的的理论。我们基于固定或变动的实际利率来分别分析名义收入或实际收入的波动，并没有任何错误或者说前后不一致。一种理论可能最适合于某一研究目的，而另一种理论可能适合于别的研究目的。由此，我们的理论虽然丧失了一般性，却收获了简洁和精确。"

弗里德曼认为，为了实现简洁和精确这个富有美学特征的理论目标，经济学应当考虑的问题不再是某种理论"假设"本身是否精确地刻画了"客观现实"，这是永远不可能也不必要的。经济学应当注意的是，就我们现有的研究目的而言，这些假设是不是对于现实足够好的近似。

具体来看，弗里德曼的货币理论分析框架主要包括四点。第一，货币数量论首先是一种货币需求理论；第二，价格或名义收入的显著变化几乎总是由货币供给量的变化引起的，所以经济周期起源于货币管理的不当；第三，私人经济是稳定的；第四，货币创造需要遵循一个货币增长规则。

在凯恩斯主义的框架里，货币需求和货币流通速度并不稳定，货币的投机需求会受到很多因素的影响。在极端的流动性陷阱情形下，利率弹性无穷大。所以传统的货币数量方程式并不成立，自由主义的政策无法自动消除宏观经济失衡。而弗里德曼却不这样看。他认为永久性收入和货币流通速度都是大致稳定的，所以货币需求也是稳定的。一旦能用实证方法表明货币需求是稳定的，那么就可以重回货币数量论，重新捡起古典两分法，将价格理论与货币理论真正分开。

弗里德曼的工作经由一些经济学者在理论细节上的琢磨补充，形成了一个持有着弗里德曼基本观点的学术流派，该流派被称作货币学派。货币学派的基本观点是，当你购买国债或者政府支持型企业证券并把它们写进资产负债表时，市场中可供应的同类证券就减少了。如果投资者想要持有这些证券，就必须接受较低的收益率。换句话说，如果市场中可供应的同类证券减少了，投资者就会愿意为这些证券支付更高的价格，这与收益率是相反的。因而，通过购买国债、写入资产负债表、减少这些国债的有效供给，我们有效地降低了长期国债和政府支持型企业证券的利率。而且，当投资者的投资组合中不再有国债和政府支持型企业证券时，他们就不得不转向其他类型的证券，比如公司债券，而这将提高其他证券的价格，降低其收益率。所以，这些行为的净效应是降低大范围内证券的收益率。通常，较低的利率对经济增长具有有益的刺激效应。

弗里德曼另一个引起诸多争议的观点是，对货币变动所带来影响的实证研究必须要考虑时间滞后因素。因为货币供给对于名义收入的影响并不会马上发生，而会存在一定的时间滞后。但对于这种时间滞后的研究，需要更多时间序列的计量工具。弗里德曼的时代，宏观计量工具还比较欠缺，20 世纪 80 年代以后，宏观计量经济学才有了突飞猛进的发展。

在 20 世纪 70 年代，货币主义开始压倒凯恩斯主义，成为极度流行的宏观经济学方法。英国的撒切尔政府从过去的凯恩斯主义立场转向货币主义立场，也极大地提高了货币主义的威望。而且，弗里德曼是少数敢于承认支持某种意识形态的经济学家。他利用一切机会传播自由主义思想，这种意识形态也正好与他反对干预的货币主义结论相一致。

弗里德曼在政策建议上主张固定规则后放任自由，只需牢牢盯住货币供给即可。这种观点与凯恩斯主义截然相反。但是从方法论来看，两者的差异可能比我们想象得要小。弗里德曼在马歇尔和瓦尔拉之间，仍然赞同马歇尔局部均衡，反对瓦尔拉一般均衡分析框架。在这个层面上，弗里德曼与凯恩斯是一致的。

而且，弗里德曼的货币主义存在两点深层缺陷。第一，货币主义者拒绝建立一种决定物价水平的理论，即货币主义从未建立一种探究货币变动对产出和物价如何产生影响的理论。凯恩斯主义缺乏微观基础，货币主义同样未能有效地建立起微观基础，甚至对建立微观基础的尝试存在反抗。第二，货币主义严重依赖于实证经济学。例如它对于货币流通速度的判断，就取决于实证检验的结果，而非逻辑推导。弗里德曼的这种并不彻底的研究态度，与他早年提出的实证主义方法论也是一致的。

值得一提的是，弗里德曼还是一个非常杰出的演说家和辩论者，出口成章，极富感染力。与他接触过的很多学者都表示，弗里德曼的思想"快如闪电"，反应极快，与人讨论时能迅速把握问题核心，一般人都跟不上。有人表示，能与弗里德曼辩论过已是极大的光荣，没人能与他辩论超过两分钟。

　　弗里德曼把自由主义重新带回经济学的舞台中心，挑战了延续数十年的凯恩斯神话，这是弗里德曼最重要的学术贡献。虽然他的货币理论现在已经被更为精致的卢卡斯新古典经济学理论所取代，但是在经济学发展历史上仍具有一个不可动摇的地位。

27

卢卡斯：
新宏观经济学

卢卡斯小传

罗伯特·卢卡斯（1937—），美国著名经济学家，诺贝尔经济学奖得主，新古典宏观经济学代表性人物。卢卡斯1937年出生于华盛顿，一开始在加州伯克利大学学习历史，后来接触到经济史，对经济学产生了浓厚的兴趣，最终于1964年在芝加哥大学取得了经济学博士学位。卢卡斯毕业后，执教于卡内基梅隆大学，在那里进一步学习动力系统理论，并将其运用于经济学，最终创立了新古典宏观经济学范式。1974年，卢卡斯返回芝加哥大学教书，1980年升任教授。卢卡斯1995年获得了诺贝尔经济学奖，至今仍在继续宏观经济学研究。

卢卡斯在20世纪70年代提出的"理性预期"理论，成为新古典宏观经济学的核心思想。他对于宏观经济学的研究范式的转变起到巨大的作用，有人将他的贡献称作"卢卡斯革命"。

通过凯恩斯的《通论》，宏观经济学这门学问正式被创立出来。又经过萨缪尔森这个最伟大的凯恩斯主义者的努力，宏观经济学成为与微观经济学并列的学问，共同构成了新古典经济学。宏观经济学迅速取得如此高的地位，与凯恩斯主义在现实实践中大获成功也密不可分。从 20 世纪 40 年代一直到 70 年代，凯恩斯主义一直是欧美各国政府经济管理所依据的主要思想。

但是在这个分析框架之下，市场能否自动实现均衡，政府是否需要及时出手干预，经济学家逐渐产生了分歧。尤其是 20 世纪 70 年代，石油危机导致美国经济再一次陷入困境。这个时候，美国政府突然发现，一直采用的凯恩斯主义的刺激方法突然失灵了。政府不断加大干预的筹码，使用各种积极的财政政策，都无法使得经济有所恢复。这时候，以弗里德曼思想为代表的自由主义宏观经济学终于浮出水面，成为与凯恩斯主义分庭抗礼的一种宏观经济思想。

但是弗里德曼使用的是和凯恩斯主义者非常相似的分析方法，只是最终的结论有所不同。他们的工作，都还没能使得宏观经济学与微观经济学相互融合。或者说，他们的宏观经济学一直缺乏微观基础。眼看经济学日益严密，宏观经济学的微观基础就成为众多经济学家的一块心病。这种情况一直持续到卢卡斯采用一种与凯恩斯和弗里德曼都不同的研究方法来研究宏观经济学才有所改变。某种意义上说，卢卡斯实现了为宏观经济学建立微观基础的目标。因此也有人认为，宏观经济学实质上在卢卡斯这里发生了一次大转型，堪称"卢卡斯革命"。直到今天，宏观经济学的研究仍然处于"卢卡斯革命"之中。

1937 年，罗伯特·卢卡斯生于华盛顿的雅奇马。1955 年，卢卡斯从西雅图的罗斯福公立学校高中毕业。世界顶级学府芝加哥大学给予他奖学金，但芝加哥没有工学院，从而终止了他做工程师的梦。

在那个时候，物理是热门专业，但卢卡斯对此没有兴趣。真正令他激动的是芝加哥学院的人文科学，如西方文明史和知识的组织、方法及原理。这些课程中的一切对他都是新的。他主修历史，并且选修古代史序列。在芝加哥大学，卢卡斯读到了比利时历史学家亨利·皮朗的著作。皮朗是中世纪研究的大师，曾雄辩地论述了罗马帝国的终结，并强调面对政治大破坏时，人民的经济生活的连续性。皮朗的论述方式令卢卡斯印象深刻，也间接地促使他后来选择经济发展作为自己的研究方向。1959 年，卢卡斯在芝加哥大学本科毕业，获得历史学学士学位。

接着，卢卡斯由于获得了一项伍德罗·威尔逊博士奖学金，进入加州大学伯克利分校攻读历史专业研究生。在伯克利，他选修了经济史课程，并开始旁听经济理论课。卢卡斯就是从那时起，开始对经济学产生兴趣。他很快决定改学经济学，并因此回到芝加哥大学，那里是经济学的圣地。1964 年，卢卡斯获得经济学博士学位。

毕业之后，卢卡斯就在卡内基工学院（也就是现在的卡内基梅隆大学）教书。卢卡斯意识到，要研究宏观经济学，必须摆脱传统的局部均衡的分析方法，转而使用一般均衡的分析方法。而采用新方法，就需要新的数学工具。那时候，卡内基工学院正好有一群出色的经济学家对动力学和预期的形成有兴趣，卢卡斯也成为其中一员。他花了大量时间学习动态系统和在时间过程中优化的数学，并尝试将这些方法用于经济问题。正是在卡内基工学院任教期间，卢卡斯关于经济动力学的观点逐渐成形。

1969 年，卢卡斯与拉平发表了一篇名为"真实工资、就业与通货膨胀"的论文。在这篇论文里，卢卡斯构建了一个劳动供给函数，并用经济主体的闲暇跨期替代的理性决策作为计算依据，并且不顾当时主流凯恩斯主义的看法，假设任意给定的交易期限内，劳动力市场都处于出清状态。卢卡斯自己都没有意识到，正是这篇文章，拉开了"卢卡斯革命"的序幕。卢卡斯这篇文章所采用的关键性设定，例如任意期限内的市场出清，消费者的跨期替代计算，现在都已成为宏观经济学的最主流语言。

卢卡斯很快意识到，这种研究方式必须全面拒绝凯恩斯主义及其政策建议。而且卢卡斯这种研究结论，反而直接指向了凯恩斯之前的新古典经济学体系，故而后来它又被称为新古典宏观经济学。卢卡斯在后续的一系列文章里，引入世代交叠模型，引入理性预期假设，对于经济周期作出全新的解释。卢卡斯认为，分析经济周期时，我们需要探讨外在冲击是暂时的还是永久的。在资本不变的前提下，如果是暂时冲击，个人会进行跨期选择替代；如果是永久性冲击，个人的决策保持不变。在资本可变情况下，决策则相反。同时，由于存在时滞，个人选择会更复杂。如此一来，我们就能对经济周期进行准确的理论刻画。而由这套一般均衡的新古典经济学理论得出的政策建议也很简单，就是放任自由，任由个人的理性预期来应对外在的冲击。而且，由于理性预期的存在，所有经济政策都会被预期到，从而失去调控经济的作用。

对卢卡斯而言，经济学仅是类似于机器构建的学科。在经济思想上的进步意味着构建越来越完美的抽象模拟模型并不是对于世界更好的可表达性的观察。卢卡斯认为，我们的任务就是要编写自动的计算机程序，这种程序把特殊的经济政策规则看成输入，随后以统计结果形成产出。这些统计结果以时间序列描述我们关心的经济运行特征，而按照我们的预期，这些经济运行特征是由这些政策产生的。

后来，卢卡斯又对萨缪尔森的货币经济的交叠世代模型产生兴趣。他的观点集中反映在 20 世纪 70 年代完成、1972 年发表的《预期和货币中性》中。这篇文章堪称卢卡斯的代表作。卢卡斯强调，老百姓是理性的，会对政府的各种经济干预政策提前作出预判，从而使得经济干预政策失效。从这个意义上看，货币政策是无效的，也就是说，货币供给量不能影响实体经济，货币在经济中的作用是中性的。

早在亚当·斯密的时代，就有学者论述过货币中性。但是这种看法到了凯恩斯那里被全面推翻，认为货币并非中性。而卢卡斯又一次推翻了凯恩斯主义，重新回归古典。货币中性的结论，对于卢卡斯而言非常重要，后来也成为他获得诺贝尔奖的演讲主题。1995 年 5 月，在明尼亚波列斯联邦准备银行的赞助下，卢卡斯专门为这篇论文组织了一个 25 周年的纪念会。

1974 年，卢卡斯回芝加哥大学教书，1980 年成为芝加哥大学的约翰·杜威讲座教授。在此后的时间里，卢卡斯所采用的从一般均衡角度分析宏观经济的方法开始流行开来，影响越来越大。卢卡斯不再是一个人，而成为一个新兴宏观经济学派的领袖。

1995年10月10日，瑞典皇家科学院宣布，把该年度的诺贝尔经济学奖授予芝加哥大学教授罗伯特·卢卡斯，以表彰他对"理性预期他假说的应用和发展"所作出的贡献。他的研究，"改变了宏观经济的分析，加深了人们对经济政策的理解"，并为各国政府制订经济政策提供了崭新的思路。

卢卡斯革命性的贡献，直接引致了后来的"真实经济周期理论"（Real Business Cycle，RBC）和"动态随机一般均衡理论"（Dynamic Stochastic General Equilibrium，DSGE）。目前动态随机一般均衡理论已经成为宏观经济学的基本语言体系，无论你更偏向自由主义还是凯恩斯主义，都必须使用这样的一套语言来构建模型，才会得到学术界同行的认可。

卢卡斯的经济政策建议与弗里德曼一脉相承，都是出自芝加哥大学，所以常被人视作对弗里德曼思想的发展。但是仔细体会两人的方法论就会发现，卢卡斯与弗里德曼之间的距离，比弗里德曼与凯恩斯之间的距离要远得多。卢卡斯的自由主义政策是从一般均衡结构和理性预期假设中得到，卢卡斯是一个瓦尔拉主义者，而非马歇尔主义者，这是他与弗里德曼、凯恩斯的本质区别。至于政策建议趋同，只是一个巧合。

卢卡斯的理论，彻底改变了宏观经济学的面貌。但是卢卡斯尝试将其精致理论运用到指导经济发展时，却遭遇很多具体的困难。例如印度是卢卡斯眼中经济停滞的典型代表，他于

1985 年在剑桥大学"马歇尔讲座"发表演讲时，还在为印度经济增长率如此之低而感到困惑，但随后印度经济增长态势却开始呈现出加快迹象。近 30 年来，印度一直是世界经济增长的明星之一。卢卡斯原本希望印度效仿印度尼西亚和埃及，但后来，后面这两个国家的经济却陷入了困境。

众所周知，20 世纪 70 年代，亨利·基辛格曾经因为孟加拉国经济状况极为糟糕而将其描述为一个"无望之国"。但从 20 世纪 90 年代到 21 世纪初，该国每年经济增速不低于 5%，在 2016 年和 2017 年甚至超过了 7%，一跃成为世界上经济增速最快的经济体之一。而新古典宏观增长理论，似乎很难对这些经济增长现象作出很有说服力的解释。

到了今天，新古典宏观经济学已经毫无悬念地成为了最主流的宏观经济学流派。它在方法论上日趋完美，在卢卡斯创建的基础上逐步形成一套完美的理论。但是它在解释现实问题时还存在诸多不足，在近年来又逐渐遭受一些经济学家的批评。卢卡斯的宏观经济学在经济学界取得成功，但本身又暗含危机。在凯恩斯和卢卡斯之后，宏观经济学正在期待又一场新的革命。

28

阿马蒂亚·森：
新福利经济学

阿马蒂亚·森（1933— ），印裔著名经济学家，诺贝尔经济学奖得主。1933 年，森出生于英属印度的知识分子家庭，童年时见证了可怕的 1943 年孟加拉大饥荒。1959 年，森在剑桥大学获得经济学博士学位，导师是琼·罗宾逊。森在印度的加尔各答、德里等地执教，并于 1971 年返回伦敦，执教于牛津大学。此后，森还分别执教于哈佛大学和剑桥大学，1998 年担任剑桥大学三一学院院长。1998 年，森获得诺贝尔经济学奖。直到今天，森仍然活跃地从事着经济学研究工作。

森的著作很多，涉及经济学各个领域。其中最有影响的工作，一项是社会选择理论的研究，森提出了著名的"个人自由与帕累托最优矛盾"的不可能定理；另一项是对发展和饥荒的研究，森指出了可能导致饥荒的权利分配理论。

现代意义上的经济学主要发端于欧洲，尤其是源于英国。"二战"之前，欧洲的经济学研究达到了极高的水平，美国仅能提供极为有限的贡献，世界其他国家就更不足道了。到了"二战"以后，风水轮流转。美国经济崛起，相应的学术研究水平也突飞猛进，美国的众多大学成为世界一流大学，这些大学里也汇聚了世界上水平最高的经济学家。经济学的研究重心，逐渐从欧洲转移到了美国。

即便如此，英国还是保持着较高的经济学研究水平。而且由于它的殖民历史，也汇聚了不少第三世界国家的优秀人才。在经济学领域，最让人惊叹的出生于英美之外的学者，当属孟加拉裔学者阿马蒂亚·森。森曾经担任剑桥大学三一学院的院长与哈佛大学经济学教授，这是亚洲人极难取得的成就。1998年，森更是获得了诺贝尔经济学奖。一个亚洲人获得诺奖经济学奖，这在诺奖历史上是绝无仅有的。

1933年3月，阿马蒂亚·森出生在印度孟加拉的圣蒂尼克坦。这里也是罗宾德罗纳特·泰戈尔创立国际大学所在地。事实上，森的外祖父就是研究中世纪印度文学的著名学者，也是一位印度教哲学的权威，与泰戈尔过从甚密，他们两家都是孟加拉群体中非常重要的书香门第。甚至阿马蒂亚这个名字就是泰戈尔为他取的，意为"永生"。

森的父亲在今天位于孟加拉国的达卡大学教授化学。1939年，森进入英国人创办的教会学校读书。但是两年后，由于日本人不断向印度挺进，战火在阿萨姆和孟加拉地区点燃，森不得不回到祖父生活的圣蒂尼克坦继续学习。战争期间，孟加拉地区发生了严重的大饥荒。当时森正浸染在圣蒂尼克坦周围浓厚的学术氛围当中，但同时也目睹了很多悲惨的情景。离开圣蒂尼克坦后，1951 年，他进入加尔各答管理学院，专修经济学。

1953 年，森获得一个离开印度前往英国，进剑桥大学三一学院继续深造的机会。在剑桥，森偶然遇到了一位好老师，那就是琼·罗宾逊，她对森产生了巨大的影响。琼·罗宾逊是个马克思主义者，森并不相信马克思主义，但他以同样的热忱投入发展经济学的研究之中。

森在 1959 年获得博士学位。此后，他相继在印度德里大学经济学院、伦敦经济学院、牛津大学万灵学院、哈佛大学等高等学府任教，教授经济学和哲学等。1998 年，他被三一学院聘选为院长，复回剑桥主持工作。

2003 年以后，他又返回哈佛工作。他担任过一些重要的学术组织，如美国经济协会、经济计量学协会和国际经济协会的主席，也曾在国际事务中起过重要作用，如担任过联合国秘书长的经济顾问，以及帮助联合国开发计划署编制人类发展报告等。

森曾经表示，自己研究经济学的重要动机之一，是帮助自己的祖国印度摆脱经济贫困，走向繁荣。为此，他坚定不移地选择经济发展问题作为他的主攻方向之一。1971 年以后，森离开印度，辗转执教于欧美各著名学府，但他始终和印度的大学保持着紧密的联系。森经常回到曾经工作过的德里大学，一直是该大学的荣誉教授。而印度的发展问题也始终是森最关心的经济问题。

为了学术活动，也出于自己的爱好，他始终过着带有游历性质的生活。剑桥毕业以后，他便时常返回印度，每隔半年总会出现在印度。所以他既是一个国际性的经济学家，同时也一直是一个印度经济学家。他坚持保持印度国籍，这样的好处是保证了他对于印度公众事务的发言权。

森早年主要的研究领域是"社会选择理论"，也就是利用严格的数学模型来分析集体决策的可能结果。1970年，森发表了一篇论文，叫作《帕累托自由的不可能性》。在这篇文章里，森通过一个简单案例，精彩地阐释了"自由"与"福利改进"两者在逻辑上不能两全的结果。我们不妨回顾一下森所列举的这个精彩故事：

假定现在社会上出现了一本道德伦理上值得商榷的小说，如《查泰莱夫人的情人》。尽管社会上多数人都没有读过这本书，但大家对它的内容和性质都有所耳闻。现在，社会上有两类人或是两个人，就称之为某甲和某乙。某甲是道学先生，比较保守，痛恨社会风气不端，把这种诲淫诲盗的书看作洪水猛兽；某乙则是秉持现代思想的年轻人，追求思想解放，认为最好全社会都可以无限制地讨论这个问题。

问题来了：在甲看来，政府需要明确宣布《查泰莱夫人的情人》是禁书，谁都不许看，那是最好。如果做不到就退一步，允许甲看而不允许乙看，因为甲自己年纪大了，有免疫能力，虽然接触有害书籍但也没什么大碍。而最糟糕的情况是让乙看甲不看，乙还年轻，最容易受毒害，这样会进一步败坏社会的风气。

乙的想法则正好相反。乙觉得每个人都要看，而且最好是甲看乙不看。因为自己的思想已经足够开明，什么刺激的书没看过啊，所以自己看不看无所谓；而让甲这样的"道学先生"读这本书，真是大快人心。如果不行就退一步，乙看甲不看，虽然甲不能看，自己看看也是好的。最差结果就是宣布它是禁书，这样大家都没法看。

现在，政府分别来征求两个人对这本书的意见，要不要看，然后决定最后阅读权利的分配。甲说，他不要看，看了对他没有任何好处。再去问乙，乙则要看。那么政府综合两个人的意思，就安排乙去看，甲不看。

这个选择尊重了两个人的个人意志，而且互不干涉，应该是皆大欢喜。但是这个结果正好违反了前面所说的"帕累托改进"原则。如果政府调整一下，安排"甲看乙不看"，那么无论对甲还是对乙而言，都比"乙看甲不看"要来得更好。甲会觉得减少对社会的危害，乙会觉得教育了道学先生，双方各有收获。而像现在"乙看甲不看"的话，乙本身就无所谓看不看，而甲正是不愿意乙去看，大家其实很不满意，这是一个比较糟糕的结果。

但之所以有现在这个结果，正是政府征求双方意见之后，为了保障最低程度自由而做出的决策，却与"帕累托改进"原则发生了冲突。也就是说，我们保障了自由，就不能达到帕累托最优的有效分配，自由与效率在根本上发生了冲突。森把它称为自由与效率不能两全的"不可能定理"。

森的这个结论一提出，就在学界引起了轩然大波。帕累托改进是经济学的基本标准，所有经济学家开展研究的终极目标，就是要追求"帕累托最优"。而个人自由是西方社会千百年来的传统价值观，这个根基是绝对不允许动摇的。现在，森发现了这条"不可能定理"，自由与效率两者竟然相悖，遵循自由就没有效率，追求效率就必须违背自由，鱼与熊掌不可兼得，那么众多社会理论和政治科学学者千百年来不懈追求的目标，就只是镜花水月吗？这个问题并没有简单的回答，需要结合现代的经济学和政治学实证研究，具体地加以分析。

除了相对抽象的社会选择理论之外，森也一直对贫困和饥荒问题保持了浓厚的兴趣。当年促使他走上经济学研究道路的，就是那场惨烈的孟加拉大饥荒。传统的经济学理论认为，饥荒是由于食物短缺引发的，所以食物供给减少是导致贫困与饥荒的直接原因。森并不同意这个观点。他通过大量案例考察和实证分析表明，在人类历史上，发生饥荒的地区并不都是贫瘠之地，发生饥荒的时间也不都是荒年。相反，在1943年孟加拉大饥荒中，发生饥荒的时间是当地丰收之年，发生饥荒的地区是主要粮食产区。之所以发生饥荒，不是因为食物供给减少，而是人们关于食物的权利缺失。

森又进一步地投入贫困研究中，并且根据自己在印度的切身经验，对于极端贫困给出了全新的定义。森认为，贫困不仅指一个人身处贫困状态，而且包括由个人环境和社会限制所造成的机会缺失，从而使其失去自由选择的权利。人们之所以贫困是由于缺少获得正常生活条件的权利。因此，贫困不完全是价格问题，也不完全是政策问题，而是人的权利问题。人类经济社会生活是由人的各种权利相互支撑而构成的，饥饿问题是一种食物关系的反映。"食物供给是指有关一种商品或一组商品自身的事情，饥饿是指人与这一种商品或一组商品之间的关系。"所以要理解贫困与饥荒，就必须理解所有权结构，即不同权利集合的关系。而森所关心的所有权结构，就是把一种权利关系运用于所有权，也就是按照一定的法律规则，建立一个所有权集合与另一个所有权集合之间的联系。在这一点上，我们可以看出森的贫困研究与他之前社会选择理论之间的关系。森一直在关心贫困问题，并且逐步构建出一整套关于贫困的理论。这种理论对于欧美这些发达国家可能帮助有限，但是对于印度、非洲等大量尚处于发展中的国家而言，意义非常重大。

阿马蒂亚·森研究范围广泛，在经济发展理论、福利经济学、社会选择理论等方面都成就斐然。他先后出版了《贫困与饥荒：论权利与剥夺》《理性与自由》《以自由看待发展》《身份认同与暴力》《经济发展与自由》《集体选择和社会福利》《论经济上的不平等》《伦理学和经济学》等十几部专著。到了晚年，森仍在努力探讨最基本的经济和社会问题。2010 年，他出版了《正义的理念》，就是试图对于哲学家罗尔斯的经典名作《正义论》进行回应。

森这一生的传奇经历，对于出生于欧美以外地区的学者都是一种强大的激励。很多亚洲学者都是在森这个榜样的鼓励下，走上经济学的研究道路。而森对于故乡、对于发展问题的执着信念，更是让人钦佩不已。经济学从诞生开始，就不是书斋里的学问。而在近几十年，经济学变得越来越专业，分工越来越细化，使用的数学工具也越来越复杂。但经济学家在使用最新工具分析经济问题的时候，不应该忘记自己的初心，不应该放弃对社会的根本关怀。森在学术理论和社会关怀这两方面都做到了极致，为后人树立了典范。

贝克尔:
社会经济学和经济帝国主义

贝克尔小传

　　加里·斯坦利·贝克尔（1930—2014），美国著名经济学家，诺贝尔经济学奖得主，芝加哥学派代表人物。贝克尔 1930 年出生于美国宾夕法尼亚州，1955 年在芝加哥大学获得博士学位。贝克尔的博士研究方向是"歧视经济学"，当时引发很大争议，后来则成为经济社会学的典范。贝克尔从 1960 年开始执教于哥伦比亚大学，1970 年返回芝加哥大学执教，直至退休。1992 年，贝克尔获得诺贝尔经济学奖。2014 年，贝克尔去世。

　　贝克尔坚持将新古典经济学的分析方法推广到人类行为的各种领域，催生出歧视经济学、家庭经济学、犯罪经济学等全新研究，极大地拓宽了经济学的研究范畴。他在这些领域的重要贡献使得他荣获诺贝尔经济学奖，同时也被一些人批评为"经济学帝国主义"。

　　加里·斯坦利·贝克尔生于 1930 年 12 月 2 日，当时美国正处于大萧条时期。这是美国历史上的最低谷，贝克尔尚且年幼，对此似乎没有直接的感受。他是一个商业小业主的儿子，所以个人生活没有太多地受到环境的不利影响。贝克尔祖上是来自东欧的犹太移民，老贝克尔 14 岁时从加拿大蒙特利尔一所学校肄业，搬迁到美国宾夕法尼亚州产煤小镇朴茨维尔赚钱维生。贝克尔的母亲安娜也是同样的背景。安娜 6 岁时搬到纽约，所以很早就离开了学校，没有接受太多教育。

贝克尔的家族谈不上书香门第，因此他也没有太多的包袱。据他自己回忆，16 岁的时候，他面临一个选择，不知道是要加入数学小组还是手球运动队，而这两者他都很擅长。贝克尔认为，这是他开始思考理性选择的起点。这种选择非常重要，甚至影响了他的一生。当时他选择了数学，尽管他更擅长手球。事实证明，这是一项非常正确的选择。

当时，虽然贝克尔在努力学习数学，但他身边的人热衷于讨论政治和司法，涉及各种现实问题。所以贝克尔自己感觉，在高中毕业之后，他对于数学的兴趣开始动摇，想要去做一些更有益于社会的事情。

尽管如此，贝克尔还是进了普林斯顿大学继续学习数学。他的数学能力非常突出，只用三年就毕业，1951 年获得学士学位。在普林斯顿期间，贝克尔偶然接触到经济学，意识到这是可以利用他的数学工具来解决现实问题的最优选择。于是贝克尔转投芝加哥大学，在那里开始正式学习经济学，1953 年获经济学硕士学位，1955 年获经济学博士学位。在芝加哥大学，贝克尔上了弗里德曼教授的微观经济学课程，深受弗里德曼影响。从此，贝克尔走上微观经济学研究的道路，并最终成为继弗里德曼之后的芝加哥学派领军人物。

贝克尔有一种信念，人类做出经济决策的方式，取决于一套最基本的经济原则。支撑这些原则信念的是个体。所以不管是个人、企业还是政府，都会倾向于以理性方式行为，并且追求令其福利得到最大提升的过程。这种理性选择理论可以运用到社会生活的各个领域，帮助我们揭示很多过去难以理解的问题。

贝克尔的博士论文是《歧视经济学》。这本著作通过代数方法，用经济学语言重塑了歧视概念，表明了人们在签订雇用合同，或者接受一项工作，还有购买商品、购买服务时，雇主、员工和消费者都会抱有歧视来进行决策，这种潜在观念最终导致成本增加。但由于这个论题是对歧视的经济分析，而研究方法又是试图测量"非货币"因素对市场运行的影响，实在太不主流，所以迟迟没有出版社愿意出版。1957 年，芝加哥大学出版社最终出版了贝克尔的博士论文。

贝克尔刚开始自己的经济学生涯的时候，很少有歧视方面的研究文献，更是从来没人从经济学角度对其进行分析。亚当·斯密早就明白不同工作会得到不同的报酬，让人不开学或者困难的工作应该得到更高的报酬。但是他并没有分析那将如何影响人们的看法。贝克尔觉得经济学家不应该对这个问题视而不见。他着手利用经济理论来分析，人们为何特别歧视黑人、其他少数种族和女性，以及这些问题在经济体系里是怎样起作用的。

在 20 世纪 50 年代，美国的黑人在就业和薪资领域遭受了严重的歧视。贝克尔将一名种族主义雇主对黑人的歧视视为一种偏好。如果你喜欢摇滚乐甚于爵士乐，那么相比摇滚乐来说，你更不喜欢爵士乐，因此你也不打算为爵士乐专辑支付和摇滚乐专辑一样的金钱。同理，有种族主义倾向的店主不愿意在同一个岗位上为黑人支付和白人一样的薪水。假设黑人雇员为了获得工作，必须接受当面对一名具有种族主义倾向的雇主时，比同一工作的白人雇员少拿 50 美元的薪水。贝克尔就将这 50 美元叫作"歧视系数"。具有种族主义倾向的店主，总是愿意为白人员工多支付 50 美元。因此，他们比那些没有种族主义倾向的店主为同等能力的员工支付的薪水要更多。一般人认为，白人对黑人的歧视会导致黑人更穷，白人更富。但是贝克尔的研究清晰无误地告诉我们，种族主义者其实也是输家。

犹太人在雇佣问题上总是受到歧视。不过他们在总人口当中所占比例较小，因此受到的影响有限，因为他们可以确保自己只受雇于不歧视犹太人的雇主。但黑人就比较不幸了，因为美国黑人的人口比例比较大，并不是所有黑人都可以找到不歧视黑人的雇主。许多黑人无从选择，只能为具有种族主义倾向的雇主工作。

根据贝克尔的理论，尽管那些具有种族主义倾向的雇主对犹太人的歧视一点儿也不比对黑人的少，黑人的平均薪水还是比犹太人的低。被歧视的群体越庞大，导致的结果就是更多的成员会以更低的薪水为具有种族主义倾向的雇主工作。贝克尔说，这就是为什么黑人占据人口多数的南非会出现种族隔离制度。这种制度，从经济的角度来看是不划算的，同样也是不道德的。

贝克尔 1957 年出版了《歧视经济学》。很快，1964 年他又出版了《人力资本》，1965 年发表了《关于时间分配的理论》，1968 年发表了《罪与罚》，1976 年出版了《人类行为的经济分析》，1981 年发表了《论家庭》，1994 年与墨菲合作发表了《关于香烟成瘾的实证分析》，全都是轰动一时的名篇。

这些研究横跨数个领域，从家庭问题到犯罪问题，贝克尔凭借理性选择理论横冲直撞，开疆辟土。在贝克尔的示范下，经济学以科学的面目入侵了那些传统上认为只有社会学、人类学、政治学、道德哲学和法学才应该涉足的研究领域。人们把这种现象称为"经济学帝国主义"。贝克尔笑纳了这个称号，继续做着跨界的工作。

今天的经济学家总是不断谈论"人力资本"，似乎这已是一个确定无疑的事实，而不再只是一种隐喻。人力资本的观点认为，人可以像机器一样为生产活动做出贡献，这也是可以精确计算的。而人可以通过教育提升自己的人力资本和职业前景，从越好的大学毕业，学历越高，所获得的人力资本也越高。企业为名牌大学毕业生或者硕士、博士雇员支付更高的工资，就是基于他们拥有更高的人力资本。贝克尔当初提出这一观点的时候，许多人是愤怒的。但是到了今天，学生在大学掌握技能以获得更高薪工作的理念早已深入人心，无人再会质疑。

人们以更好的教育和更高技能为目的，不断在个人的某些知识领域进行投资，这就像是股票、建筑物、机械和技术那样的资产。所有资本的共同点就是有可能带来长期收入，成为经济增长的一种催化剂。贝克尔承认，这个尖锐的观点遭受了很多人的敌意，他们认为把人比作机器是一种严重贬低。但是贝克尔认为，这种投资确实是至关重要的。教育、边做边学、医疗保健和获得一些特别知识，都属于各种形式的投资。这种投资与物理资本的不同之处在于，它们不可与所有者分离。

贝克尔曾经尝试做一个实证研究，研究人们通过上大学而不是中学毕业之后就去工作，会从收入方面得到多大的好处，以及在就业和失业时会遇到什么样的问题，在职业生涯上有怎样的机会。他还研究了人们在提高教育、知识、培训和技能方面是怎样评估成本和收益的。通过这一系列研究工作，贝克尔建立了一套人力资本的一般理论，其中包括企业、个人，以及收入和人力资本之间的关系都可以用微观经济学做出解释。改善经济的供给侧和经济的运行质量，即从与激发需求不同的方向入手，提高经济的长期潜在产出。如此一来，对人力在经济发展中所起到作用进行量化分析就成为可能。这个概念成为今天经济学的一块重要的基石。

在人力资本的基础上，贝克尔又向前跨了一步，用理性选择模型研究决定生育孩子这个家庭问题。贝克尔发明了一种时间强度的概念。他说，孩子像是你所购买的一件商品，耐用消费品。当你购买一辆汽车的时候，你需要付出一大笔支出，然后在其后的时间里不断获取收益。而养育孩子同样如此。当贝克尔第一次在会议上将汽车和孩子相提并论的时候，观众们无情地嘲笑了他。

但贝克尔是认真的。他论证说，孩子是时间密集型商品，因为家长要消耗大量的时间去照看他们。因此抚养孩子的成本就像是用整个下午看电影，完全投入其中，最后也并没有明确而直接的收益。如果要计算，那么抚养孩子的成本就是你待在家中照看他们时少挣的薪水。因此，收入越高，养育孩子的成本就越高。通常孩子都是由女性来照顾，所以被放弃的收入就是女性放弃工作时的收入。到了 20 世纪，当越来越多的女性选择出门工作的时候，养育孩子的成本也在不断上升。最终结果就是，女性愿意生育的孩子越来越少，出生率逐渐降低。

贝克尔的兴趣不仅在于家庭内部，还包括社会问题，他创造性地发明出一套"犯罪经济学理论"。他认为，我们不能说不法分子和守法公民有所不同。这种狭隘观点认为，人们会犯罪只是因为他们心智有问题或者遭受了他人的虐待，因此这些人在某种程度上是环境的受害者，主要应该从外部环境寻求答案。贝克尔认为，犯罪的人和其他普通人没有多大区别，他们也并不一定就是邪恶、病态或者野蛮的。与此相反，他们是有逻辑、懂算计的人。

贝克尔并不否认，很多复杂的原因最终共同导致犯罪，但是他的着眼点却放在成本和收益上。他主张，在预防犯罪领域，更应该如此思考，将成本收益分析纳入考量范围。举例来说，停车场管理者可以通过提高罚款来减少本身的开支，而不是花更多钱派交通管理人员找到肇事车辆或者试图抓捕违法的人。反过来说，驾驶员必然会理性计算，高额罚款配上被查到的小概率与小额罚款配上被查到的高概率，两者其实没有本质区别。只要收益低于成本，人们就不会选择犯罪。最好的阻止犯罪的方法，就是让这件事变得没有什么收益可言。回到违法停车这件事，就是应该采用更高的罚款；对于盗窃这件事，那就是更长的刑期，就是这么简单。

从 1985 年起，贝克尔就开始定期为《商业周刊》撰写通俗易懂的经济专栏。在这些经济专栏里，他解释为什么提高最低工资就会增加失业，为什么主张以志愿兵制代替义务兵制，主张人体器官交易合法化，主张毒品合法化，主张以学券制来打破僵化的公立学校体系，主张国营企业应该改为民营企业，批评反垄断法的执法效果，反对美国政府干预国内油价，反对农业补贴。

贝克尔接过弗里德曼的大旗，将理性选择理论四处推广，达到极致，也成为公认的芝加哥学派的领袖。直到晚年，贝克尔仍然笔耕不辍，继续同时写作学术论文和公共文章。博客这种形式出现以后，贝克尔就与著名法经济学家波斯纳一起开了个博客，分析生活中所遭遇的各种经济学问题。

2014 年 5 月 4 日，贝克尔在芝加哥逝世，享年 83 岁。他的逝世，标志着一个时代的终结。当然在今天，我们可以在很多活跃经济学家的研究工作中看到贝克尔对他们所产生的影响，贝克尔的研究结论和思考方法早已成为新古典经济学不可分割的组成部分，这一点毋庸置疑。

而在他之后，经济学界似乎很难再找到什么公认的学术泰斗或者精神领袖。而且经济学的主体架构已经完成，剩余的都只是一些次要的工作。当然经济学并没有终结，新古典经济学本身也蕴藏着危机。但是在可见的未来，经济学仍将沿着新古典经济学的方向继续发展，并用它来指导我们的现实生活，直至下一场未知的经济学思想革命。

《经济学家都干了什么：一部西方经济学简史》这本书原本不在我的计划之内。在此之前，我曾经在 2019 年出版过面向本科生的专业教材《梁捷西方经济思想史讲稿》（以下简称《讲稿》），基本表达了我对于西方经济思想的总体理解。所以原本没想过在短期之内再写一本书，但是清华大学出版社的顾强编辑找到我，耐心地说服了我。

写作这本书有两个最主要的目的。第一，向非经济学专业的读者介绍重要经济学家的生平和主要工作；第二，帮助读者通过对经济学家的认识，了解最近一百多年历代经济学家的工作方法，从而掌握经济学的基本思考方式。

我在大学里主要讲授两门课，一门是西方经济思想史，使用的是我自己编写的讲稿；另一门则是传统的西方经济学，包括微观经济学和宏观经济学，使用的是曼昆的经典教材《经济学原理》。上这两门课的经历，给我提供一个机会，可以从两个完全不同的角度来讲授经济学，并且观察学生的反馈。

曼昆的教材非常优秀，结构清晰，条理分明，帮助学生由浅入深地一步步走向目前经济学研究的最前沿。目前市面上也有相当多的入门书籍，结构上与《经济学原理》大同小异。事实上，这一套体系正是萨缪尔森以来的新古典经济学的体系，经历了几十年来数代学者的锤炼，本身是极为精致的。

问题在于，初学者未必对新古典经济学体系抱有足够强的信心。大众在平时已经听多了对经济学的讥讽，对经济学理论的适用性充满怀疑，而内心的诸多疑虑，很难在一本比较初级的经济学理论著作中得以解决。很多人认为，经济学已经变身为宗教，只是朝向原本就服膺这套理论的人继续传教而已。

而我觉得，从经济思想入手介绍经济学，正可以避免这种困境。经济思想研究的是历史上一个个重要的经济学家。他们所处的时空虽和我们今天有些不同，但面对的经济问题极为相近，内在心路历程也有颇多可与今天相互印证之处。他们都是活生生的人，有自己的信念，也有自己的怀疑。他们不断研究前辈传下来的经济理论，再从自己所关心的问题出发，为经济学做出自己的贡献。

相比于枯燥甚至粗暴的理论，那些活生生的经济学家的故事，恐怕更容易为读者接受。太阳底下无新事，今天我们对于经济问题的疑问，前辈学者几乎也都经历过，而他们走出了自己的路，做出了自己的理论贡献。踏上他们曾经走过的路，读者会发现，这并不是一条研究经济学的捷径。因为很多经济学家所做的尝试，最终被证明此路不通，被后来的经济学家所放弃。这对于当事人是一件痛苦的事，对于我们后人则是一件幸运的事。

我们如果只是学习《经济学原理》，恐怕不会接触到这些。因为《经济学原理》已经删繁就简、去粗取精，把所有经济学发展的歧途岔路砍掉，只保留最多学者认同的主流路线，看起来是一条康庄大道，任何可能有起伏的地方都早已被人填平。从这样的路径开始学习经济学，确实最为经济，节约时间，但是却显得"可信而不可爱"。

与之相比，如果从经济思想入手，重走那些前辈学人曾经走过的弯路，看起来浪费一些时间，反倒可以让我们对于目前的经济学理论更加具备信心。经济学发展至今，是由无数人在不同时期的努力积累而成的，而且也仍在发展和演变中。今天最新的一些研究方法甚至结论，在未来仍有可能被更新和颠覆。而复习前人所走过的路，反倒可能是学习经济学的一种比较稳妥的方法。

这本书与我过去一些著作尤其是《讲稿》存在一些区别。区别主要在于：第一，《经济学家都干了什么》按照经济思想的人物线索展开，每一节针对一个经济学家。而《讲稿》注重经济思想整体脉络，并没有严格按照人物来写，所以虽然也重点介绍了斯密、马歇尔、凯恩斯等学者，但也略过了一些个人认为对后来经济学发展影响没那么大的学者。在这本书里，我试图比较完整地介绍从马克思到贝克尔这一百多年时间里最重要的经济学家。当然限于篇幅，仍不可能面面俱到，但是我尽力提供一份详尽名单，全面展示经济学的发展过程。

第二，《讲稿》涵盖范围比较大，试图讨论从古希腊一直到今天的经济学，所以对于最近一百年尤其最近五十年的经济学的介绍，相对比较简略。这也是我完成《讲稿》后略有遗憾之处。而《经济学家都干了什么》正好给我一个机会弥补这个缺陷。本书不再追求时间上的全面覆盖，而把重点放在从马克思到贝克尔这一百多年的时间里，更为详细地介绍这个时期每个经济学家的心路历程。

这本书最终能与大家见面，受到众多师友的帮助。首先要感谢清华大学出版社的大力支持。顾强编辑对书稿投入大量的精力，并且提供了很多宝贵意见。其次，我也要感谢上海财经大学经济学院为我提供了研究的保障。最后，王鹏翀博士通读了全书，提出大量宝贵的建议，令本书增色不少，在此致谢。

希望读者朋友能喜欢这本书，也欢迎提出批评意见，多多指教。

梁捷

2021 年 1 月